文化吉林

雙遼卷

弘揚長白山文化
打響吉林特色地域文化品牌

王儒林

　　吉林有文化，而且吉林文化有底蘊、有潛力、有特色、有希望。從前郭縣王府屯距今約一百萬年的石製工具到距今十六萬年的樺甸仙人洞和距今三萬年的榆樹人，從燕趙文化東進到漢武帝設四郡，從扶餘、高句麗、渤海文明的興衰更替到遼金、清朝問鼎中原，從抗日烽火、解放硝煙到新中國老工業基地的紅色記憶，從二人轉、吉劇、長影到吉林期刊、吉林歌舞和吉林電視劇現象，勤勞智慧、淳朴善良、勇於開拓的吉林人民在白山松水間創造出絢麗多彩的地域文化，成為中國文化版圖上一道獨特風景。

　　文化與山素來結緣，正如泰山之於魯，嵩山之於豫，黃山之於皖，長白山是吉林的象徵、吉林的品牌。吉林文化始終與長白山難舍難分、血脈相連，集中體現於長白山文化之中。長白山文化發源和根植於吉林沃土，是包容吉林各民族文化、蘊含吉林發展歷史、反映吉林人性格特質、凸顯吉林氣派的「大文化」，是中華民族「多元一體」文化的重要組成部分，源遠流長、博大精深，構成了吉林文化的骨骼和脊梁。在地域文化越來越受到人們關注、文化軟實力越來越成為衡量一個地區核心競爭力的重要指標的當今時代，大力弘揚作為吉林文化標志性符號的長白山文化，把這份寶貴的文化資源保護好、挖掘好、利用好、開發好，對於打響吉林特色地域文化品牌，鑄造極具時代內涵的吉林精神，提升吉林文化軟實力，凝聚吉林改革發展正能量，無疑具有十分重要的現實意義。

近年來，我省大力推進以優秀吉林地域文化為主要內容的長白山文化建設，出台了《長白山文化建設規劃綱要》，啟動實施了長白山文化建設工程，在長白山文化資源保護研究、挖掘整理、開發利用等方面做了大量工作，取得了顯著成績。我們要進一步加強長白山文化理論研究，豐富長白山文化內核和外延，進一步加強長白山文化遺產的發掘、保護和展示推介力度，擴大長白山文化的影響力，進一步加強對長白山文化內涵的拓展和提升，把長白山文化資源更好地轉化為文化產品、文化事業和文化產業，推動長白山文化建設躍上新台階，推動吉林文化大發展大繁榮，為實現富民強省目標、中華民族偉大復興、中國夢做出貢獻。深入挖掘、研究、整理長白山歷史文化，既是一項宏大浩繁的系統工程，又是一項功在當代、利在千秋的基礎工程。希望有更多有識、有志之士投身長白山文化建設事業，讓這份寶貴的文化資源更好地服務於當代，惠澤於未來。

由省委宣傳部組織編撰的《長白山文化書庫》系列叢書，是長白山文化建設工程的重要標誌性成果。叢書從基礎研究、地方特色、主要藝術門類三部分，對長白山文化的歷史資源進行了全面細緻的挖掘和整理，堪稱長白山文化研究與普及的鴻篇巨製，不僅對研究和宣傳長白山文化大有裨益，而且對培育吉林文化品牌、樹立吉林文化形象也將產生積極的促進作用。在叢書即將付梓之際，謹表祝賀並向全體工作人員致以問候。

主編寄語

莊嚴

　　長白奇迤蘊靈秀，松江悠長毓文傑。千百年來，雄渾壯美的白山松水賦予了肥沃豐饒的吉林大地以生機和活力，滋養了吉林人民勤勞睿智、堅韌進取、寬容開放的精神品格，積澱了多元融合、底蘊深厚、色彩斑斕的地域文化。這獨具魅力的吉林特色地域文化猶如一株馥鬱芳香的花朵，在中華民族文化百花園中爭妍綻放。

　　文化是經濟發展之根，是社會發展之源。省委、省政府高度重視文化建設，制定出臺了《長白山文化建設規劃綱要》，把吉林省歷史文化資源工程列入宣傳思想文化工作「六大工程」之一。省委宣傳部深入貫徹落實省委、省政府的要求，開展《長白山文化書庫》建設，啟動實施了《文化吉林》叢書編撰工作，將其作為全省宣傳思想文化工作的重要舉措，周密部署，精心組織，強力推進，取得了預期成果，為全省人民奉獻了一份珍貴的精神食糧。

　　《文化吉林》叢書是《長白山文化書庫》中全景展現特色地域文化的重要組成部分。年初以來，我省廣大宣傳文化工作者以對家鄉、對歷史、對文化事業的高度責任感和使命感，不畏繁難，勤勉執著，嚴謹認真，精益求精，在資料收集、遺產挖掘、書稿撰寫等方面付出了大量艱辛的努力，進行了許多開創性的探索和實踐，圓滿完成了這次編撰任務。叢書編撰秉承傳播和弘揚吉林文化的理念，梳理總結吉林文化資源，提煉昇華吉林文化精髓，激發增強吉林人的文化自覺、文化自信，使優秀文化更好地服務於吉林的發展振興。

《文化吉林》內涵豐富，圖文並茂，辭美情摯，引人入勝，是人們認識吉林、瞭解吉林、研究吉林的概覽長卷，是吉林文化走向全國，面向國際的真誠心聲。叢書真實勾勒了吉林文化歲月滄桑的歷史縱深，生動展現了吉林文化多姿多彩的時代律動，帶我們走進吉林地域文化演進的舞臺，親身感受風雲激蕩的文化事件，出類拔萃的文化人物，領略淵深源遠的文化景觀，妙趣橫生的文化傳說，體驗琳琅紛呈的文化產品，淳樸濃郁的文化民俗。叢書將吉林文化的發展脈絡、現狀和未來，客觀詳盡地展現給廣大讀者，是一部能夠讀得進去、傳播開來、傳承下去的佳作精品。

　　鑒往以勵志，展卷當奮發。《文化吉林》這套融史料性、知識性、可讀性於一體的叢書，為我們進一步保護、研究、開發吉林地域特色文化提供了重要史料資源。作為後繼者，當代吉林人有責任、有義務肩負起將吉林文化充分融入社會主義核心價值觀，推動吉林文化發展進步的歷史使命，讓優秀傳統文化在繼承中創新，在創新中前行，在全國文化發展大格局中唱響吉林「聲音」，打造吉林文化品牌，樹立文化吉林形象。

第三章 · 文化名人

第六章・文化風俗

第一章
———

文化發展概述

文化，是物質財富的精華，是精神財富的靈秀。文化，是人類活動在時空隧道中所留下的痕跡以及由這些痕跡所引發的變化和演進。文化是一種軟實力，在社會發展中發揮著不可替代的作用。就雙遼而言，沒有遼河水運，沒有奉系遺痕，沒有淪陷悲歌，沒有解放戰爭的紅色風暴和社會主義建設以及改革大潮的洗禮，就沒有五光十色的地域文化。從這個意義上講，歷史的記憶彌足珍貴。

雙遼，歷史悠久，古代遺存可上溯五六千年。而有文字可考的歷史僅有二百多年。雙遼是多民族聚集地區，其文化構成也是多元化的，並具有很強的地域性，其構成大體可分為八個方面。

美麗的傳說草根生香　中華民族的歷史文化是從神話傳說開始的，民間傳說也是雙遼開闢鴻蒙的端頭。因此必須承認，這些美麗的傳說也是構成雙遼文化的一個重要組成部分。

先民們在與自然災害和各種邪惡勢力的鬥爭中，留下了一個個膾炙人口、感人至深的故事。如哈拉巴山的傳說、臥虎屯的傳說、消爾沁的傳說、猞猁塔的傳說、全神廟的傳說、臥牛泡子的傳說、七星落地的傳說等等，這些傳說像天上的星星一樣閃爍著耀眼的光芒，給雙遼文化增添了幾多神祕，幾多光彩。

這些民間故事是向天祈福的願景。先

▲ 陶壺

民們早就希望自己所居住的地方鍾靈毓秀，福祉綿長，於是就有了「七星落地」之類的傳說。它是天人合一道家思想的產物。「七星落地」是在一百多年前雙遼行政區劃還很不確定的條件下產生的，是指大哈拉巴山、小哈拉巴山、敖寶山、勃勃吐山、玻璃山、大吐爾基山、小吐爾基山七座孤峰，它們分布在東西二百華里，南北三十華里的長方形地帶，呈現北斗七星之狀。祖先對天上的星像是十分重視的，尤其是對東啟明、西長庚、南箕、北斗這些重要的星座崇奉有加，能冠以北斗七星的美譽，當然更加神聖，極言雙遼是一方天賜寶地。

這些民間故事又是教人向上的箴言。每個故事都向世人宣稱，善良是人性之根，只要是善良的東西，哪怕它暫時還是弱小的，最終都會戰勝邪惡。因為善良能夠得到天神的護佑，能夠得到俠義的救助，好心有好報的理念，永遠是

人們安身立命的魂。

這些民間故事還是勤勞勇敢的頌歌。它像良師一樣教誨著人們，只要樹立了正確的理想和信念就要大膽踐行，堅定的信念可以摧垮一切艱難險阻，勝利永遠屬於那些堅韌不拔、不畏艱險的勇者。如消爾沁的傳說就演繹了一個崇勇的人生命題。勇敢的消爾沁人以百折不回的精神最終戰勝了凶狠殘暴的風魔。

這些民間故事更是謳歌愛情的詩章。它明確地告訴人們，凡塵美女也好，世外仙姝也好，姑娘所鍾愛的不一定是高官厚祿、富貴榮華，更不是蠅頭微利、蝸角虛名，只有善良、正義、勤勞、勇敢才是她們的追求，才能贏得姑娘的芳心。

考古挖掘揭示了早期文明　在雙遼大地出土的形制各異的罈罈罐罐告訴人們，在遼、金時代雙遼隸屬胡地，古樸的漁獵生活和粗放的農耕方式是先民繁衍生息的特色。

後太平的考古挖掘對於雙遼來說，更是一筆無可替代的巨大財富。它向世人宣告，遠去的鐵馬冰河，沒能擊垮雙遼這方熱土的厚重；大漠的黃塵古道也未能盡掩史宇星空的異彩，遠古的遺蹤依然詩情畫意般折射著歷史的悠久。

還有一個更重要的話題是對清孝莊皇太后祖籍地的叩問。根據調查及資料分析，說明清孝莊皇太后的出生地是雙山鎮的川頭村。具體理由如下：

依據之一：一九一八年羅伯桑雀丹喇嘛編著出版的《蒙古風俗鑑》（蒙文版）一書二百九十九頁記載：「達爾罕旗（科左中旗）南有兩座大山（大、小哈拉巴山），在兩座山間有索尼圖屯（今稱川頭村），宰桑在此生一女兒，並在此地出嫁至後金遼陽鎮……」這是目前已知的關於孝莊文皇后（布木布泰）出生、出嫁地最早最確切，也是最權威的證明。劉忱、郎鎖柱在專著《孝莊文皇后》（2004 年版）中也認為川頭為布木布泰出生、出嫁之地。索尼圖即今雙山鎮川頭村，「川頭」當是「索尼圖」音訛而成。該村東鄰一天然湖沼(即今川頭水庫，內有泉眼，為溫德河之源頭)，水產豐饒。傳說孝莊出生地有大片內蒙古黃榆樹，川頭村中就曾有成片古榆樹，至今仍有一株孑遺，樹幹高十五米

左右，最大胸徑五點一米，中間胸徑三點九米。據測算，此樹樹齡在三百五十至四百五十年之間。川頭村在幾百年前有大的村落毫無疑問。

依據之二：經調查，布木布泰家族姓包，而川頭村確屬包姓所立，且此包姓確為科爾沁貴族。川頭村裡至今有多處元明清古遺址，村東北現存有小蒙古墳上百座，大蒙古墳數十座，據說大蒙古墳屬包姓祖墳，且傳有銀馬車等貴重文物出土，目前仍有文物遺存，此地曾為貝勒行營或春捺缽之地（春捺缽即春季漁獵，為北方少數民族上層舊俗）其條件是具備的。實際上誠如孝莊研究專家劉忱先生所說，四百年前的科爾沁蒙古族為純游牧民族，世逐水草，居無定所，布木布泰出生於當時的科左中旗既無異議，而具體落在川頭這一科左中旗腹地也就十分自然了。

依據之三：川頭村有古建築遺址三處，還不包括龍王廟等，同時其一為「大帳篷」，是逢三、逢九蒙古部落首領議事之地。

依據之四：川頭村此後沒有包姓後代是正常的，沒有布木布泰父親的府第遺址也正符合歷史。因為蒙古族是游牧民族，布木布泰嫁給皇太極後，其家族屬皇親國戚，肯定是放棄游牧生活，要遷往比較集中的大集鎮居住，而封王后所建的府第在通遼正符合歷史。

依據之五：布木布泰父親宰桑的墓地在前郭爾羅斯，不在雙遼也是正常的。因其屬戰死他鄉，就地埋葬。當時前郭爾羅斯屬滿人領地，埋葬在此地是完全可以的，但絕不可能將府第也建在別人的領地上。

依據之六：據記載，康熙帝的巡查路線：從北京出發經密雲縣至古北口，經傲漢、奈曼、扎魯特部進入科爾沁部的游牧地，經川頭、慈惠，到農農閣並留宿三宿，其中的川頭、慈惠、農農閣都是雙遼境內。康熙大帝對其祖母感情頗深，能在川頭留宿，表明此地必有淵源。

遼河水運是雙遼初興的根本　西遼河和雙遼市的發展息息相關，因此人們都習慣地稱她為母親河。知否？母親河發源於河北省平泉縣七老圖山脈光頭山北麓的老哈河。流經內蒙古哲里木盟區段時老哈河又與西拉木倫河交匯，以下

▲ 西遼河水運景象

才稱西遼河。母親河逶迤流淌，途經雙遼市臥虎鎮、市區、紅旗街、王奔鎮，在雙遼境內的河道總長為四十四點二公里，直到那木鄉（原建設鄉）金寶村平齊鐵路白沙橋處方奔流出境。西遼河在雙遼的流域面積達二一四○點五一平方公里（含新開河流域面積），占雙遼總面積的百分之六十九，其中耕地面積為八五○一三公頃，占全市耕地面積的百分之六十四點九。她用甘甜的乳汁滋養的大片土地，不知產出多少糧食果菜、牛馬豬羊，這些物產濟育著一方生靈，繁榮著一個地域。

雙遼的母親河，素來以奉獻著稱。她曾經千帆競航，百舸爭流，承載著大漠東端與國內外溝通的重任，是被譽為「沙荒寶路」的主要內河航道。有了她才能出江達海，才能貨暢其流，因此鄭家屯的繁榮與西遼河的恩惠和奉獻密切相關。

自清咸豐十一年（1861年）營口闢為商埠後，遼河水上航運迅速發展。光緒三十二年（1906年）位於鄭家屯東南二十五公里的三江口開放為自營口溯航遼河船舶的終點碼頭，鄭家屯為三江口的本街。由於物資的大量吞吐，碼

頭和本街商賈雲集，車水馬龍，一派昌盛景象。

宣統二年（1910 年），遼河溯航到鄭家屯得到了清廷和奉天的許可，由下游駛來的船隻都停泊於城東的渡口，鄭家屯整個街市更加繁華，市場也更加興盛。此時已把法庫門、小庫倫的繁榮都爭奪過來，鄭家屯成為名副其實的水旱碼頭，達到了歷史上的黃金時期。由此可知，雙遼市的早期振興與母親河的潤澤是分不開的，是她為雙遼市的子民帶來了福祉。據史料記載，那時候的西遼河水大流急，煙波浩渺，航行在遼河上的各種船隻多達兩三萬艘。沿岸設碼頭五十餘處，主要有：田莊台、三義河、塔連堡子、老達房、馬廠、三面船、吉城子、馬蜂溝、通江口、孤榆樹、三江口、鄭家屯。航運興盛時期，每年上行雜貨最多時有三萬八千多件；下行米穀（主要為黃豆）最高時達到一千三百萬石。此外，遼寧、吉林、黑龍江、內蒙古的特產木材、牲畜、皮張、油酒、黑瓜子等運往南方，只此一途。這些貨物通過營口港運往大連、天津、煙台等沿海港口及仁川、長崎、新加坡等外國口岸，吞吐量十分可觀。所謂「沙荒寶路」之美譽，即由此而來，可見鄭家屯當時水運昌隆，名不虛傳。

▲ 西遼河水運繁忙景象

為加強航運管理，清政府於新民巨流河設置了遼河水上警察總局，分總務、行政、司法、衛生四科，沿河下設八個分局：一分局駐昌圖縣孤榆樹，二分局駐昌圖縣通江口，三分局駐開源縣孤家子，四分局駐法庫縣三面船，五分局駐新民縣洋草溝，六分局駐遼中縣老達房，七分局駐台安縣張家荒地，八分局駐海城縣下口子。分局的職能主要是管理貨物裝卸、航運安全、監督稅收。

　　鄭家屯地處交通要地，素有雞鳴聞三省之美譽。又兼清末民初時水運隆盛，商賈紛至沓來，使鄭家屯這個原本並不發達的地方成為華洋薈萃、繁華鼎盛之地。各種商號多達一千六百餘家，成為蒙漢貿易中心，遼寧、吉林、內蒙古三省區的貨物集散地。

　　作為繁華之城，新市街（原遼河賓館以北至遼河路三百多米東西兩側）有二百多間青磚瓦房都是時任洮遼鎮守使吳俊升的房產，大多出租開辦買賣，市面十分繁華。就在現中醫院的東側曾有兩棟二層樓的大商號成為鄭家屯標誌性建築——道南恆昌源，斜對過兒道北是義源大，鋪面十分壯觀。傳說這兩棟樓房和東側的小紅樓都是蒙古富人桑烏己所建。這兩家商號主要經營綢緞花紗，日用百貨。辦喜事的人家，走進這兩家大商號，不出屋便可以買齊所有的婚嫁用品。大樓以西，就是巨泰隆、永昌號、豐聚奎和劉老丙的買賣裕泰恆。巨泰隆和豐聚奎都是遠近聞名的果匣鋪，加工製作的槽子糕、芙蓉糕、綠豆糕、上雜拌兒、下雜拌兒、八裂酥、月餅等果品深受歡迎。

　　當時，鄭家屯的糧食貿易十分紅火。德順恆、福順店、豐聚長等都是經營糧食的大買賣，每到冬季，來自雙山、臥虎、那木斯、高家爐方向的賣糧大鐵車紛紛進城。大車老闆兒和跟車人都頭戴狗皮帽子，身穿皮襖，腳穿靰鞡。糧車上還攜帶著山雞、野兔，一進城便吆喝著出賣這些山貨，賣光後再到收糧的大買賣卸掉車上的糧食。經營糧食的商家糧食堆積如山，待到來年春暖河開，才將糧食在碼頭上裝船，銷往南方。主要品種是玉米、高粱和大豆。當地賣各種成品糧的糧店也很興隆，最有名的是吳俊升的天合長，王子章的德龍號，還有靳老菊的糧棧，專供市民糧油消費。

清末民初，木材交易亦呈一時之盛。鄭家屯周邊的地區木材極缺，建房等所需木材都是由經營木材的商戶從外地採購而來，木材商採購的檁材、樑材和口料專供民居建房之用。一些木匠鋪，如廟記、詹記家具鋪還專門打製皮箱、炕琴、大櫃、梳妝台、八仙桌椅供應民用。棺材鋪不但出售專供朱門大戶用的三五、四六大棺材，也賣窮人家用的薄皮棺材，此外還賣專供蒙古人治喪用的坐棺。

鄭家屯設有數家牲畜交易市場。據老年人講，現在的市社附近和白市道口原柴草市附近是當時內蒙古哲盟和吉林省西部最大的牲畜交易市場。那裡可以買到可供乘挽的高頭駿馬，也可以買到下湯鍋的老驢爛牛。每天可以成交三四百匹。赫赫有名的大帥吳俊升在發跡之前，就在牛馬市中當過經紀人。

油酒釀造業最為發達。鄭家屯的釀酒燒鍋有義源湧、俊豐棧、萬源棧、豐聚長四家，油坊也有兩三家，還有一家香油坊。鄭家屯的老白乾酒和食用油深受用戶青睞，大量銷往外地。其他各種手工業作坊也各有特色。如趙三爺的笹籮、簸箕鋪，古紙坊（生產窗戶紙），還有麻繩廠等。

▲ 雙遼老商號舊址

▲ 清末白市（氏）部落牲畜交易市場

　　土特產品最有名的是張大瓜子床子（原軸承廠附近）的銀白打瓜子。這種瓜子用現在的話說已獨具品牌魅力，它的原料產地是那木斯。從農民那裡把打瓜子收上來以後，商家請專門兒的「炒匠」來加工。炒完後用油鹽燜放在蒲包裡壓實後再去掉蒲包，打瓜子靠自身黏性結成硬砣兒，碼在店堂裡多高也不散。瓜子香甜可口，吸引遠至天津等地的客商都到鄭家屯來採購這種馳名遐邇的瓜子。

　　市井的繁華有力地促進了飲食業的發展。那時的鄭家屯酒館兒林立，多達三十幾家。道南路北酒斾高懸，甚是火爆。既有陳設華麗、高朋滿座的豪華酒樓，也有烹技獨特、名揚四海的特色風味店。當然，最著名的還是「聚升成」飯店，因為它有名廚「三家王」掌勺。聚升成的老闆是來自天津衛的一對金蘭兄弟，大掌櫃帥慶義和二掌櫃王竹林。麾下的三位大廚是王竹林之弟王桂林和王成功、王占山，這三位人稱「三家王」。他們做得八宗碗四響盤外加兩大件的滿漢全席，做得「蒙古八珍」，在烹飪技術方面各懷絕技。王占山的熘炒菜是一絕，一樣的食材，經他烹製，便色香味俱佳，高人一籌。王成功的湯菜鮮亮可口，無出其右。王桂林的灌腸，五香俱全，獨具特色。至今，關於三家王的故事還流傳不息，他們在遼河畔上鑄就了飲食行業的輝煌歷史。

▲ 鄭家屯西大街城門

　　再有西街戲園子對門兒孫寶海的大餅燻肉也獨樹一幟，大餅香脆可口，燻肉肥而不膩，瘦而不柴，深受顧客歡迎。再如趙黏火燒、李哈哈切糕、秫米麵兒大餅子也都是興盛一時的風味小吃，老人們至今還經常提起。

　　清末民初，鄭家屯正處於資本主義萌芽時期，以各種貿易為主要特徵的商品經濟有了長足發展。與此同時，各種文化形態也呈現了相映生輝的繁榮景象。首先，眾多廟宇的興建就說明佛教文化、道教文化、儒教文化在鄭家屯不但源遠流長，還呈現了「三教」相融的和諧之勢。

　　一九〇二年建成了關帝廟，俗稱老爺廟，廟址位於現畜牧局的後面，佔地二千平方米。廟內有前殿、正殿、後殿等主體建築，還有鐘鼓樓等附屬建築，均為磚瓦結構，外有磚砌廟垣，內植高大樹木。

　　娘娘廟位於現政協路北胡同盡頭，建於民國初年。廟宇是坐北朝南的三間硬山出廊式瓦房，磚木結構，四周以青磚壘砌寺垣，均為磨磚對縫。殿內主要供奉觀音菩薩、泰山娘娘、眼光娘娘。觀音菩薩像身著雲紋藍袍，端坐蓮花台上。另外兩位娘娘分坐兩旁，神態慈祥。壁畫上彩繪了泰山娘娘一生的坎坷經歷，人物形象逼真，色澤豔麗。

祖師廟位於白市道東側，建於一九一二年，正殿有石階三層，殿中有孫子（孫臏）泥塑神像，像兩邊各侍一位持刀童子。正殿東西兩側供奉著魯班和其他各行祖師的塑像。壁畫是孫臏出世、孫（臏）龐（涓）鬥智、馬陵道等生動故事。

　　祖師爺廟會是每年的農曆四月十八，趕廟會的多是鄭家屯的手藝人。

　　文廟建於一九一六年，位於現在四中院內。此廟建有大城門三間，大成殿三間，崇聖祠三間，鄉賢祠三間、名宦祠三間、東廡三間、北廡三間、節孝祠一間、文昌閣一間、魁星閣一間，四周築有圍牆，大城門兩旁各有側門一個，整個廟宇氣勢宏偉。

　　太陽廟位於白市道東側。據廟裡的人高玉珍介紹，太陽廟雖然不大，但很有特點。它供奉太陽，認為太陽是萬物之主，故在正殿塑有太陽神。太陽神身著紅袍，頭戴紅盔帽，雙手平放在兩膝之上，面帶微笑。與太陽神並列的是太陰神，太陰神身穿黃袍，肩頭幾縷髮絲飄然垂下。廟會是每年的農曆十一月十九。

　　天齊廟舊址在現五小院內，建於民國初年，殿內供奉著天齊爺，即老天爺。平時沒有人到此，只是到了農曆三月二十八，才有暫居在鄭家屯的商人行旅到廟中一遊，祈禱平安。

　　此外，鄭家屯還建有全神廟、龍王廟、城隍廟、鬼王廟、玉皇閣、三教堂、天主堂、清真寺等。可謂廟宇林立，信眾極多。

　　清末民初，由於交通的便捷（主要指水路），戲曲文化也日臻興盛。當時有一座建築宏偉的大新舞台是一家大戲園子，是雙遼富紳石維岳於一九二五年出資建成。京劇、評劇、河北梆子等各個劇種都經常在這裡上演。京劇名家尹效媛，梆子名家金剛鑽兒等都到過鄭家屯演出。通過長期藝術薰陶，為當地培養了一大批戲迷。內行人都承認鄭家屯的觀眾懂戲，會看戲，「撒湯漏水」全瞞不過他們。

　　那時節，鄭家屯的茶館比較多，大鼓、評書、竹板等藝人就在茶館裡說書

賣藝。如評書藝人王鶴然專講《濟公傳》，但只講二十七天，然後便結賬走人。那時的藝人也實在，師傅怎麼教的就怎麼講，一點兒不編白兒，「傳底」了，沒的講了，就走馬換將。陳樹田講的《大隋唐》也頗具影響，多少年後還有人提起。唱大鼓的也很多，有西河大鼓、奉系大鼓、梅花大鼓等，都各具特色。

群眾文藝就更不用說了，驢皮影、二人轉、變戲法兒的比比皆是。從正月初六一直到正月十五，整個街市到處都有耍龍燈、跑旱船、踩高蹺、扭秧歌的。觀眾人山人海，十分熱鬧。

正因上述這些原因，無論從文化源流角度，還是從鄉土風情角度來審視雙遼，都能得出一個結論，雙遼的早期繁榮，不僅打造了商賈雲集的商貿名城，也成就了文化底蘊深厚的文明之地。從歷史上看，雙遼就是一個人文薈萃的地方。

遼河在歷史上雖然有過舳艫千里、帆影相望的興旺景象，但由於久欠疏濬，河底淤塞，航行逐漸受阻，特別是鐵路的興起，導致遼河水運一落千丈，日漸蕭條。到宣統元年（1909 年），航行在遼河上的船隻僅有三千五百艘。民國以後，船隻更加逐漸減少，終被鐵路運輸所代替。

二十世紀中葉，由於沿河修建了許多水庫截流蓄水，除夏季汛期，西遼河常常出現斷流乾涸現象。

而今，西遼河市區段截流整治工程大見成效，母親河舊貌換新顏，正在以新的方式恩澤雙遼兒女。

奉系軼聞濃墨重彩　雙遼，於清末民初是奉系軍閥的發祥地，其二號人物吳俊升就在此發跡。

吳俊升其人十幾歲來到鄭家屯，由一個馬市「牙行」（經紀人）起步，靠個人奮鬥，最後成為奉系軍閥的二號人物，他的人生之路本身就是一部傳奇。吳俊升在任後路巡防營統領和洮遼鎮守使期間，以「保境安民」為己任，有力地打擊了土匪對地方的騷擾。《戡亂護國圖》中真實地記述了吳俊升的汗馬功

勞，他對陶克陶胡、烏泰、巴布扎布的平叛，避免了國家分裂，這是他軍旅生涯中最光輝的一筆。還有資料表明，吳俊升曾以無比的神勇和智慧截獲了日本人支援叛匪的數車軍火，這些「義戰」都是值得稱道的。

從人格上，吳俊升親民濟困的作為留下了很好的口碑。當年吳俊升每次從外地回到鄭家屯時，下了火車既不騎馬也不坐轎，總是手托禮帽，從車站步行走回公館。他總是說，鄭家屯是他的家鄉，他不能在父老鄉親面前擺架子。看到受災的百姓或種地有困難的農民，他總是解囊相助。特別值得紀念的是西遼河從白市到三江口的遼河大堤就是吳俊升在黑龍江省當省長兼督軍時籌款修建的，這一功德惠及千秋。

淪陷期的抗敵文化驚人立志　一九三一年，雙遼淪陷，日本侵略者在雙遼推行人身殺戮、政治壓迫、經濟盤剝、苦役蹂躪、奴化教育等野蠻統治長達十四年。然而，雙遼人民是不可侮的，多少不彎的脊梁、不屈的鬥士譜寫了一曲曲救亡圖存的戰歌。大土山車站工人楊氏三雄勇鬥頑敵的故事經久流傳；抗日者在臥虎屯顛覆列車的壯舉威震八方。這些抗日志士「寧做戰死鬼，不當亡國奴」的浩然正氣充分彰顯了他們的愛國情懷。正如當時聯中（今一中）郭姓女教師（名不詳）為學生寫的那首救亡歌那樣，「被人掐咽喉，怎能不還手……除我好學生，中國有誰救，快去矣，莫待亡國後」。這種堅貞不屈的抗戰精神極大地振奮了民族精神。這些留在苦難歲月中的印痕本身就是一部文化寶典。

在整個救亡圖存的艱苦奮鬥中，雙遼曾站出一條頂天立地的漢子，他鋼筋鐵骨，威武不屈，這條獨具血性的漢子就是于海川。

于海川是今遼東街賢良窩棚人，他雖然生在殷富之家，但他那份民族自尊是無與倫比的。一九三二年，于海川為了抗日，賣掉家產購置槍馬，在血雨腥風的白色恐怖中組織起兩千多人的抗日義勇軍，向窮凶極惡的日本侵略

▲ 于海川塑像

者開戰，這是何等的英雄氣概。于海川義勇軍的圍城攻堅，使盤踞在鄭家屯的日本侵略軍受到沉重打擊。于海川勇克敵頑的英雄壯舉充分顯示了中華兒女的鋼鐵意志和大無畏精神。

後來，于海川因為蒙古頭人包善一的出賣，被日本人抓去落入虎口，他與敵人展開了唇槍舌劍的當面鬥爭。敵人問他，「你為什麼要打日本？」于海川斬釘截鐵地反問道，「你們為什麼要侵略中國，我告訴你們小日本，只要我不死，我就要把你們趕出去。」英雄的言行一直激勵著後人。

文藝創作是文化建設先鋒　從始建（1796 年）至今，雙遼市有文字可循的歷史不過二百餘年。但不能否認，雙遼市確是一方先蘇早醒之地，文學藝術之花競相開放，使這塊熱土充滿了文光詩采。

特別是解放戰爭時期，在國共鏖兵的戰火硝煙中，遼北省委的機關報——《勝利報》以及文學期刊《鴨綠江》《草原》等都在雙遼興辦，許多著名的作家、藝術家也曾工作在雙遼，他們像火種一樣，為雙遼帶動和培養了大量文學藝術的後繼人才。

新中國成立以來，特別是改革開放以來，文學創作更加呈現振興之勢，在紀念中華人民共和國成立六十週年的時候，雙遼市文聯出版發行了大型文學作品集《盛世放歌》，其中收錄了許多優秀詩文作品，標誌著雙遼文學創作發展到了較高水平。

▲《遼水歌吟》詩刊

近年來有十幾位作者，如孫長春、李平來、徐傑、滕寶東、任小平、谷慶山等都出了詩集；張惠民、宋今聲、王波、王述成、張玉林等都出了文集；趙玉、程少青、左學、賈志財、孫長春等創作的散文都在國家級徵文單位獲得了大獎。

雙遼詩詞學會九年間創作格律詩詞四千

餘首，編輯出版詩刊《遼水歌吟》三十二期，在國內外產生了一定影響。廣大詩友正以百倍的信心，為把雙遼打造成詩詞之鄉而努力奮鬥。

在戲劇創作方面，一九七九年馬俊榮創作的大型古裝歷史劇《解仇緣》影響深遠；付文觀的二人轉作品多次在省裡獲獎；後起之秀頓寶玲寫的小品《不是勸的事兒》獲得曹禺獎。而今，廣大作者以《遼水文學》《西遼河》《雙遼新報》副刊為載體，創作熱情更加高漲，力爭把最新最美的文字獻給可愛的家鄉。

雙遼市的書畫藝術創作源遠流長。早年著名畫家黃秋實就在雙遼工作過一個時期，現在喜愛丹青的人越來越多。書法家郭健、房愛廣、李政仁、黃寶金、常柏新、田榮久、劉景臣、盧志華、王紅星、趙景龍、谷慶山等都有所成就。畫家李加勝、孫玉娟、薄連昌、張青、張浩等的作品極受青睞。

在雙遼市委、市政府的關懷下，老年書畫研究會於二〇一〇年成立並開展了豐富多彩的活動。李洪秋、朱蘭鳳、劉淑娥等一些老年書畫骨幹脫穎而出，各種工藝美術作品也層出不窮。老年大學學員李亞坤，用十字繡針法繡出了大型作品《清明上河圖》和《金陵十二釵》，引起藝術界的關注。

群眾性文化娛樂活動應運而生　在黨富民政策的光輝照耀下，雙遼市城鄉欣欣向榮，濃烈的文化氛圍悄然形成，給老百姓帶來了無限的幸福和歡樂。

文體大院這一新生事物是紅旗街敖卜村農民趙玉發的首創，繼而范長順文體大院等更多的文體大院蓬勃興起，他們所取得的經驗在全省進行了推廣。農民這種自發辦文體的積極性十分高漲。

農民生活富裕了，對文化生活的需求越來越高。現在，人們已經意識到，文體大院是建設具有中國特色社會主義新農村的一種有效載體，「大院」這個極富生命力的「活力細胞」可以兼容居家養老等多種內涵。

在文化部門的努力下，「農家無書讀，農民不讀書」的局面發生了根本的變化，雙遼市圖書館已在廣大城鄉建起了一百二十二個農家書屋，把二十七萬冊圖書送到農民手中，這些精神食糧為培養新型農民發揮了巨大作用，特別是在普及科技方面，等於是把老師送到了農民的家中，農民照著書本種地，照著

書本搞養殖，大大降低了生產和經營風險，加快了致富步伐。同時，圖書館在城區開展了文化講堂活動，已經舉辦了十六期。他們選準市民迫切需要的課題，請學有專長的人前來授課，每期面對六七十人開講，同時搞現場直播，以擴大教育面，人們在客車上就可以聽到講播。如對文化的認知、詩詞寫作、養生保健等議題的演講都受到聽眾的歡迎。

雙遼市的文化社團如雨後春筍，生機勃勃。雙遼市老年大學藝術團在二〇一一年全市紀念建黨九十週年的紅歌大賽中，七十三名師生以蓬勃的精神面貌演唱了長征組歌，獲得了優異成績。二〇一四年，老年大學京劇社獲國家傳統文化促進會獎勵，獲得「中國京劇票友優秀社團」榮譽稱號。

由鄉土奇才周連慶（已故）創辦的臥虎鎮農民小劇團，成立於一九八〇年，一直堅持在農閒季節為廣大農民演出。一年之中少則演出七十多場，多則演出一百一十餘場。他們演出的二人轉劇目有八十多個，其中現代劇目有《倒牽牛》《窗前月下》《扒牆頭》《豐收橋》《雙趕集》等二十八個；自編劇目有《王

▲ 趙玉發文體大院里的村民們載歌載舞

霞勸夫》《老王教子》《張老漢請客》《小兩口兒勸母》《回莊路上》等十五個。
一九八〇年有兩名演員參加全國農民調演；一九八四年參加全省二人轉會演，
有兩個節目獲綜合一等獎，三名演員獲表演一等獎，二名演員獲表演二等獎。
一九八七年，吉林廣播電台錄製了臥虎鎮農民小劇團部分節目，在春節晚會中
播放；一九九三年，臥虎鎮農民小劇團應邀參加了四集電視劇《長白山下的姐
妹》拍攝，該電視劇於一九九四年五月、七月分別在中央電視台和吉林電視台
播放。一九八四年，臥虎鎮農民小劇團獲吉林省文化廳頒發的「活躍農村文化
生活、促進精神文明建設獎」。《農民日報》《吉林日報》《吉林農民報》及省
廣播電台等新聞媒體曾多次報導臥虎鎮農民小劇團活動開展的情況。

「夕陽紅」藝術團成立十年來，在魏中華的組織帶領下，在抗日戰爭勝利
紀念日、紅軍長征紀念日、紀念改革開放三十週年以及「迎奧運」「抗震救災」
等重大節慶上舉辦了多次大型演出活動。在雙遼團市委舉辦的「情暖學子心」
大型義演獻愛心活動中，和省級多名著名演員同台演出，捐款助學。二〇一三
年九月，「夕陽紅」藝術團應北京「魅力中國夢」組委會的邀請進行文藝交流
演出活動，獲得四個金盃獎、九個二等獎、四個三等獎；二〇一四年參與全國
網絡春晚演出，獲得十六個節目榮譽獎。

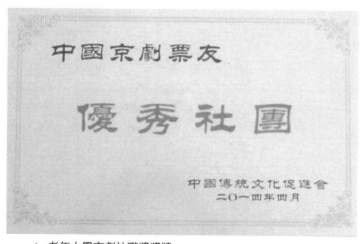

▲ 老年大學京劇社獲獎獎牌

遼西街電廠社區國土小區老年活動室自二〇〇七年五月正式投入使用以來，活動開展得十分紅火。每天從早到晚人流不斷，眾多老年人在這裡打乒乓球、下象棋、讀書看報、唱歌跳舞，盡情地享受著美好生活，成為老年人頤養天年的樂園。

文化館群眾藝術團活動開展得有聲有色，排演很多自編自創的樂曲、舞蹈、戲歌等。樂曲《紅花遍地開》、戲歌《十八大精神放光芒》、舞蹈《歡聚一堂》、歌伴舞《月牙兒出來了》廣

▲ 臥虎鎮農民小劇團成員演出劇照

▲ 夕陽紅藝術團成員演出劇照

受觀眾好評。創編的大型近代歷史題材的吉劇《虎子求鳳》，二人轉《李助君辦學》，拉場戲《愛情連連看》《禮物》，小品《九百六》等劇目陸續搬上舞台。

民族風情多彩多姿　雙遼是擁有漢、蒙古、滿、回等十二個民族混居的地區。各民族豐富多彩的風俗習慣本身就是一種文化。比如住火炕、穿旗袍、跳單鼓舞等都是滿足世代傳承、歷久彌新的獨特習俗。

清朝，雙遼當地的土著民族主要是蒙古族，所以蒙古族的風土人情在雙遼當地的流傳由來已久。蒙古族是馬背上的民族，藍天白雲、碧草清泉陶冶了他們的性情，使他們具有天生的樸實豪爽，許多愛好都獨具特色，如騎射、摔跤、打布魯等，充分反映了他們的尚武傳統。

在飲食上他們不食圓蹄（馬騾驢）和狗，喜歡炒米、馬奶、全羊宴；喜歡大碗喝酒，一醉方休。酒興一濃便手舞足蹈，放聲歌唱，特別是馬頭琴的樂曲

▲ 老人們在活動室裡打乒乓球

▲ 藝術團演員在農村文化大院演出

令他們如醉如痴。由於這些淳樸樂觀的民族特質，其他民族都願意和蒙古族兄弟交朋友，更想領略一下草原上的風情。所以，時下一馬樹森林公園就建有幾個蒙古包，不但能烤全羊，飲美酒，還有美麗的姑娘為客人送上動聽的祝酒歌和潔白的哈達，使客人很快融入蒙古族的文化氛圍之中，盡享那種充滿詩情畫意的歡樂。

▲ 蒙古族人的騎射

第二章
——

文化事件

雙遼是個多民族聚集的地方，從蠻荒到文明的嬗變中，多元的生態文化萬紫千紅，相對獨立的文化品牌經久傳承。一些賢達人士在特定的歷史時期，以其崇高氣節所迸發的思想火花深遠地教化著子孫後代。非物質文化的傳承者和藝術家憑藉超凡的才藝為地域文化的繁榮做出了突出貢獻，為家鄉贏得了榮譽。特別是廣大人民群眾所開展的豐富多彩的文化活動爭奇鬥豔，充分凸顯了雙遼人民的時代風貌。

牛爾裕悲賦留別詞

　　牛爾裕奉清廷派遣，一九〇九年十月任采哈新甸（今雙山鎮地界）安墾局局長，一九一三年七月任雙山縣第一任縣知事。在任三年間，勤政為民，重農耕、開學堂、規劃村屯、建橋修路、整治洪澇、清除匪患，深受百姓愛戴。當他於一九一五年調離雙山時，百姓不願讓這樣的好官離開，在白雪皚皚的嚴冬，雙山縣城街道兩旁站滿了送行的民眾，眼含熱淚歡送與他們同甘共苦的縣知事。知事也不願離開，因為雙山還可以建設得更好，他無限深情地眷戀著這片熱土和黎民。他為了表達這種難捨難離的心情，寫下了一首有名的《雙山留別詞》：

　　半生心血在雙山，自道勤勞是好官，
　　好是在官去更好，好官賴有好人看。
　　好是雙山是我家，家人日日課桑麻，
　　力田孝弟西京詔，添得詩書錦上花。
　　披星戴月五經年，手斬榛蕪殖陌阡，
　　從此豺狼無宿處，鳴琴端籍後來賢。
　　欲去雙山馬不前，兒童耆老淚潸然，
　　道旁白雪深三尺，慰說今年大有年。

　　這首留別詞體現了一任好官的愛民之心，對後世產生了深遠的影響，久傳不衰。

▲ 書法《雙山留別詞》

聯中教師創作救亡歌

原雙遼城建局已故老幹部崔桂榮於二十世紀九十年代，憑記憶唱了一首淪陷時期的救亡歌。這首歌的歌詞是由當年聯中（今雙遼一中前身）姓郭的女教師（名不詳）創作的，歌名叫作《向前向前向前走》，歌詞如下：

走啊，向前向前向前走！

走啊，向前向前向前走！

蠻橫毀中國，野心在亞洲。

種種慘劇，聚集在心頭。

青年們，有為者，

被人掐咽喉，怎能不還手。

青年們，有為者，

抵抗戰時期，莫再皺眉頭。

走啊，向前向前向前走！

走啊，向前向前向前走！

除我好學生，中國有誰救？

快去矣，拼──莫待亡國後。

這首歌詞是一件不可多得的文化珍寶，早已載入雙遼史冊。

二人轉留下的輝煌記憶

二人轉藝術在雙遼有著悠久的歷史。一九三一年，雙遼籍二人轉藝人董長富，藝名「二排人」，弟子柴振海，藝名「水仙花」，師徒一副架挑班唱戲，活躍在雙遼各地，十分有名。一九四五年抗日戰爭勝利，柴振海在街頭演唱《勞工嘆》，痛斥日本侵略者的罪行和人民苦難。土改時，柴振海唱過《王二嫂翻身》，抗美援朝時還唱過《漁民恨》，董、柴師徒二人愛國敬業，遠近聞名。

新中國成立後，經過「一化三改」，人民群眾的文化需求逐步提升，雙遼縣於一九五七年正式成立了地方戲隊，並在老市場內給地方戲隊建了一座小劇場，演員是幾位來自各地的二人轉高手。隊長是來自梨樹的李榮、孔淑霞，主要演員有來自吉林的邢大林、姜秀蘭（小豔舫）、黃桂芝（小黃丫）；來自瀋陽的王國良、楊淑仙（小俊舫）；來自梨樹的祝安富（小柱子）；來自遼源市的張傑等。當地從本縣選拔的演員有馮書良、于秀蘭（大于子）、于春貞（二于子）、張寶、劉殿友、閆寶琴。當地的演員都是經文教局文化股長張文興和幹事張寶山選定。一九六一年文化館小科班又選送了白殿玉、果秋媛、馬靜濤、于雅琴、李玉霞等，樂隊也由原來的王文舉、廖萬福、徐坤又充實了年輕的任國棟、艾永笑等。

▲ 馮書良（左）與搭檔表演二人轉

這一時期是雙遼二人轉藝術得以發揚光大的鼎盛時期，傳統的二人轉劇目如《大西廂》《梁賽金撕麵》等都是拿手好戲，進城的農民經常到「地方戲院」看戲，劇場座無虛席。

一九六一年，提倡演新戲，地方戲隊又演出了大型拉場戲《李二嫂摔桃》《長松嶺》《鬧碾房》《小老闆》

等，深受群眾歡迎。在四平地區（當時包括遼源市）巡演，雙遼地方戲隊位次在先，二人轉文化在雙遼紮下了根。這種輝煌之勢持續到一九六五年整頓文藝團體，撤銷雙遼劇院和縣評劇團、地方戲隊、雙遼戲校，重新組建了縣文工團，二人轉受到了一定的影響。對於二人轉在歷史上的八年輝煌，老藝人們還記憶猶新，同時影響也是深遠的，至今還傳頌著「梨樹有董孝芳，雙遼有馮書良」之說。

　　一九七九年，省裡又提出重新組建地方戲隊，雙遼的二人轉又紅火了一陣子，終因人員過多和體制方面的原因，沒有持續下去，二人轉開始轉向民間。

▲ 雙遼縣二人轉劇團當時的部分年輕女演員

書畫攝影展紀略

一九六四年，雙遼縣文化館舉辦望杏村（永加鄉）歷史展覽，展出文化館美術工作者范鳳泉、王警鐘兩位同志以望杏村史料為素材創作的一部連環畫，計 20 多幅，題為《望杏血淚》。後印製 3000 多冊，在雙遼縣和吉林省內廣為流傳。

一九七四年，雙遼縣文化館舉辦「慶祝中華人民共和國成立二十五週年美術、攝影展覽」，這是中華人民共和國成立後，雙遼縣內舉辦的第一個規模較大的美術攝影作品展覽，作品內容十分豐富，表現形式和手法多樣，代表了當時雙遼縣美術攝影創作的最高水平。

一九七九年，雙遼縣文化館舉辦「迎春畫展」和「迎春影展」，分別展出美術作品 35 幅、攝影作品 30 幅。「國慶畫展」展出縣內 31 位作者的 59 幅作品。

一九八一年年初，縣文化館舉辦「迎春畫展」，展出各種繪畫作品一百餘幅；六月一日，縣文化館舉辦首屆「兒童畫展」，展出本縣少年兒童創作的美術作品 140 件；十月一日，縣文化館舉辦「國慶美展」，展出美術、攝影作品二百餘幅；十月，雙遼縣文聯、文化局舉辦「王丹丹畫展」，展出年僅七歲的王丹丹創作的國畫、兒童畫一百餘幅。

▲ 慶祝新中國成立 35 周年書畫作品展覽

一九八二年，縣文化館舉辦「美術攝影作品展覽」；五月三十日，雙遼縣文化局與計劃生育工作委員會聯合舉辦全縣首屆幻燈匯映，縣內十四個幻燈放映隊播放幻燈片 36 部。

一九八四年六月，縣文化館舉辦「少年兒童美術攝影作品展覽」，展出縣內 179 位少年兒童的繪畫作品 157 幅、

▲ 孫玉娟國畫《詩情畫意》

攝影作品 78 幅；十月，文化館舉辦「慶祝新中國成立三十五週年美術、書法、攝影作品展覽」，展出繪畫作品 175 件，書法作品 34 件，攝影作品 78 件。

　　一九九八年十月，市文化館同四平市藝術館聯合舉辦「九八金秋書畫作品展覽」，共展出四平市和雙遼市美術作者創作的書畫作品 120 件，展出二十天。

　　一九九九年九月二十五日至十月十五日，雙遼市委宣傳部、市文聯舉辦「慶祝新中國成立五十週年，迎接澳門回歸祖國」書畫作品展，由市文化館、博物館承辦，展出地點在博物館。本次書畫展共展出市內美術作者創作的書畫作品 207 件，其中成年人作品 104 件、少兒作品 103 件。經過評選，有 3 件成人作品、7 件少兒作品獲一等獎；有 7 件成人作品、10 件少兒作品獲二等獎；有 10 件成人作品、15 件少兒作品獲三等獎；另有特別獎 10 名，優秀獎若干名。

　　二〇〇〇年初，市文體局、廣電局、雙遼日報社聯合舉辦「全市迎新春春聯、掛錢兒、窗花大賽」活動，共選出作品 137 件，集中在文化館展出，並評出一等獎 4 件、二等獎 6 件、三等獎 14 件、優秀獎 12 件。

　　雙遼市老年書畫研究會於二〇〇九年九月正式成立，大會制定並通過了研

究會章程和各項制度。同時舉辦了《雙遼市老年迎國慶書畫展》，共展出書法作品上百幅，繪畫作品八十餘件。市有關領導、老年大學全體學員及各界群眾紛紛前來欣賞、品評。

▲ 委連生書法

二〇一二年春節前夕，雙遼市老年書畫研究會舉辦了「百龍賀新春」書法展覽，展會上七十八歲的黃寶金老人，以百個不同書體的龍字為主題，寫出了中華兒女的大氣和豪邁。此次展會豐富了市民節日的文化生活。

二〇一三年一月十五日，市老年書畫研究會舉辦《迎新春書畫展》，展出作品十分豐富，僅老年大學書畫班學員的作品就有上百幅，原市級老領導張永遠和劉玉學等老同志都出筆參展。在他們的帶動下，全體會員人人有作品，個個亮才藝，各種書體和篆刻作品，相映生輝。美術作品更是大放異彩。市老年大學校報《松風報》出版彩印專刊，刊登了三十多幅優秀書畫作品，此舉對老年書畫藝術的提高起到了推動作用。

二〇一三年十一月十一日，由雙遼市委宣傳部、雙遼市文廣新局、雙遼廣播電視台、雙遼市美術家協會主辦，由鄭家屯博物館承辦的《馬到成功——于雁賓駿馬國畫展》在雙遼市隆重舉行。市司法局、文廣新局、廣播電視台、博物館、老年大學、美術家協會、作家協會、詩詞學會領導出席開幕儀式；各行各業的美術愛好者二百多人參加開幕儀式。在畫展舉行的一週時間裡，前來觀展的美術愛好者絡繹不絕，達五千多人次。雙遼市詩詞學會的詩人們還以採風的形式前去觀展，創作詩詞作品，在學會會刊《遼水歌吟》上以專欄「駿馬雄風」的形式集中刊發。于雁賓畫展成為雙遼文化事業的盛事之一。畫展上展出的是畫家用三個月時間創作的系列作品《鐵骨雄風壯馬年》的部分畫作（共70餘幅），真可謂兩個展室萬馬奔騰，蔚為大觀，代表了于雁賓駿馬國畫的一

▲ 于雁賓國畫《天行健》

個高峰。經過諸多藝術構思的提煉升華，他的一幅幅駿馬形象，已經具備了典型的美學特徵和美學意境：恢弘大氣、雄渾健壯，妙造自然、生氣遠出，氣韻生動、遷想妙得。

　　為了充分展示雙遼市在「三城（衛生城、園林城、文明城）同創」工作中所取得的成果和全市人民建設美麗家園過程中展現出來的良好精神風貌，由雙遼市委宣傳部、市「創城」工作領導小組辦公室共同舉辦了「三城同創城鄉共建」書法攝影展。徵集活動從二〇一三年六月開始至十二月結束。為了提高徵集作品的質量，市委宣傳部組織市攝影協會、書法協會成員深入到城區、農村進行攝影採風，共徵集書法、攝影作品二百餘件。二〇一四年五月，市委宣傳部、市「創城」工作領導小組經過精心設計，挑選出一百餘幅書法、攝影作品在鄭家屯博物館進行了集中展覽。這些作品主題鮮明，充分反映了雙遼市廣大幹部群眾積極投身「創城」工作、建設美麗雙遼的激情和幹勁，形象地展示了雙遼市開展「三城同創城鄉共建」活動以來取得的豐碩成果，抒發了全市人民熱愛家鄉、熱愛生活的美好情感。

▲「三城同創城鄉共建」書法攝影展部分書法作品

▍京劇票友活動屢創佳績

清末民初，古鎮鄭家屯是有名的水旱碼頭，國粹京劇久有流傳。一九七八年以後，由「二賈」牽頭兒的票房活動日漸興隆。其中賈洪閣是家傳私淑，肚囊寬綽，能拉能唱；賈萬才一把京胡可以為各種行當和流派伴奏。當時的票友侯鳳祥、郝渤然、王雲峰、李崇、李魁忠、張振久、馬志國、張元生等經常去文化館活動，戲迷活動十分紅火。後來又成立了「百花戲社」，由文化館幹部賈洪閣負責，那時沒有手機，找人等事都是老票友馬志國負責，所以大家都親切地稱他為「馬團長」。後來戴春清等一些年輕人加入，為戲社做了大量工作。文化館對票房活動一直很支持，辟有專門場所。

二十世紀九十年代中期，在張立新主持下，推舉戴春清為京劇社負責人。這時，熱衷此道的王海文、李魁忠、魏連生、陳學成等都主動站出來召集戲迷開展活動。其中最有影響的是在紀念抗日戰爭勝利五十週年和紀念于鳳至誕辰一百週年舉辦的大型京劇演唱會。

此後，楊中元作為年輕的京劇票友已經在各項活動中嶄露頭角。票友們看到他是個有責任心、敢作敢為的人，所以在二〇〇四年組建票友協會時，推舉他為協會主席，蔡紹德為秘書長。請原副市長王春弟、原史志辦主任魏連生擔任了名譽主席。

票友協會的成立，使京劇愛好者有了正規的組織，票房活動出現了前所未有的熱潮。後來由於人員過多，又產生了兩個分支，在老年大學活動的一夥稱為「二團」，公園活動的一夥稱為「三團」，「三個團」總人數達百人以上。

自票友協會成立後，戲迷們的演唱水平日益提高，有一些已能夠登上大雅之堂。票友豈連秋三次去瀋陽電視台參加「戲苑景觀」比賽，獲得擂主稱號。二〇〇三年，豈連秋去中央電視台參加「戲迷俱樂部」欄目，受到普遍讚譽。

二〇〇七年八月，吉林省京劇票友協會成立，楊中元、豈連秋、寧可、王

▲ 老年大學京劇社演員表演京劇《赤桑鎮》

曉德、齊桂蘭、張志華、白鳳雲等雙遼票友組隊參加。參演人員大展才藝,各個表現出色,受到專家的高度讚揚。在這次會議上,楊中元被聘為吉林省京劇票友協會理事、四平市京劇藝術促進會名譽會長,為票友走出雙遼更好地宣傳家鄉闖出了一條新路。

二○一二年十二月八日,雙遼市新一屆京劇票友協會換屆,在市文聯任宏志主席組織下在市政協會議室舉行,大會選出新一屆京劇票友協會,協會主席吳建華、副主席戴春清、丁國忠、張麗賢,秘書長李大珍、副秘書長韓麗,理事豈連秋、頓寶玲、蔡紹德、劉媛、劉志武。

二○一二年冬天,票友們決心把最好的國粹京劇節目拿到二○一三年春晚舞台。在他們兩個多月的努力下,由雙遼本土藝術家馬靜濤作詞,任國棟作曲的京歌《自豪雙遼人》展現在了二○一三年雙遼春晚舞台上。

新一屆票友協會的成立,為雙遼票界注入了活力,夕陽紅藝術團、康樂年華大舞台、西化社區、劉媛票社等多點開花,票友活動豐富。省票友協會和省票界對雙遼分會讚許有加。

▲ 韓麗等表演京劇《二進宮》

二〇一三年二月二十二日雙遼票友協會應邀參加二〇一三年吉林省「元宵節京劇晚會」。二月二十三日召開的吉林省京劇票友協會理事大會，任命吳建華為吉林省京劇票友協會副秘書長，戴春清為吉林省京劇票友協會理事。授予吳建華「吉林省票界優秀先進工作者榮譽稱號」「雙遼分會吉林省最佳票房榮譽稱號」。二十三日下午參加「吉林省票友元宵節京劇晚會」，給雙遼分會十五分鐘表演時間，韓麗、廉巨忠、丁國廉有幸同全省名票在長春大戲樓表演《二進宮》。雙遼票友的和諧團結在各地票友中有目共睹，稱讚雙遼人「叫得齊」。

▲ 丁廉、丁國忠表演傳統京劇《將相和》

二〇一三年八月二十八日雙遼市老年科學技術工作者協會代表大會召開，邀請老年大學京劇社為他們唱大戲，京劇社演出了《將相和》《紅梅贊》《赤桑鎮》《紅燈記》等精品節目，深受歡迎。

　　二〇一四年春節期間，雙遼市老年大學京劇社自辦了一台京劇晚會，京劇社演員們表演了由魏連生作詞，任國棟作曲的京歌《中國夢》、以毛澤東詩詞譜寫的京劇《長征》《詠梅》、有膾炙人口的傳統京劇《將相和》《赤桑鎮》、現代京劇《沙家濱》等，劇目豐富，色彩斑斕。

　　老年大學京劇社又參與了雙遼市元宵節京劇大家唱電視節目的錄製，在正月初六開始排練並準備道具和服裝。市互聯網信息中心、電視台全程採訪報導。經過大家齊心協力，終於完成了這台一百分鐘的電視節目。此次活動開創了雙遼票界三個突破：一是整台節目全部彩唱；二是演唱行頭全部自己解決；三是節目演出時間最長。

　　二〇一四年三月初，雙遼市老年大學京劇社應邀去北京參加第六屆中國京劇票友節盛會，被中國傳統文化促進會授予中國京劇票友優秀社團榮譽稱號和獎牌，授予京劇社社長吳建華中國京劇票友功勛獎和獎章，授予副社長戴春清、丁國忠中國京劇票友貢獻獎。

▲ 雙遼後「鬧元宵」京劇票友大家唱演出現場

王丹丹榮獲土耳其凱米爾國際兒童繪畫金獎

▲ 王丹丹

王丹丹，女，一九七四年十二月二十六日出生於吉林省雙遼縣，著名青年畫家，土耳其凱米爾國際兒童繪畫金獎得主，一九九六年畢業於東北師範大學美術系，曾先後留學俄羅斯、加拿大、美國，現為吉林師範大學美術學院繪畫系副教授。

王丹丹自幼喜歡畫畫。她一歲半時，姐姐寫字，她就伸著小手要筆要紙；姐姐畫畫，她也會拿過一張紙畫個沒完沒了。東北魯迅藝術學院畢業的父親王警鐘，發現丹丹天資聰慧，就為她提供了不少創作的機會。有一段時間，

王丹丹對家中養的雞產生了興趣，經過仔細觀察，刻苦磨煉，很快就掌握了畫翎毛的技法。可有時畫的雞筆墨凝滯，形象呆板。父親見狀，便有意識地帶她到縣城內幾家大型養雞場參觀。這一下可樂壞了王丹丹，她拿著畫本一口氣畫了十幾張各種形態雞的速寫。接著，她利用自己豐富的想像，勾勒出一幅長六米的《百雞圖》，近百隻雞神態各異，栩栩如生，讓每一個觀賞者無不拍手稱奇。王丹丹自己愛跳皮筋兒，就畫一隻大公雞也跳皮筋兒。自己看青蛙稀奇，就畫一群好奇的雞雛圍觀一隻大腹便便的青蛙。看見鄰居家的孩子打架，她就畫兩隻羽毛飛動，欲拚死活的公雞，並在畫面一側題寫上「打架不好」四個字。縣婦聯請她作畫，她竟別出心裁的畫了一隻母雞帶著一個小雞崽兒，還寫上「只生一個好」的字樣，惹得在場的人無不捧腹大笑。一九八一年，王丹丹隨父去廣西拜師訪友，巧遇廣西小畫家阿西，就開始用藝術的語言逗趣。阿西先讓丹丹在宣紙上畫了一個雞雛，剛開始王丹丹不知是計，左手操筆，大膽揮

墨，一揮而就，一隻活蹦亂跳的小雞就躍然於紙上。誰知，阿西出其不意使出他的拿手好戲，揮筆畫了兩隻閃著綠光的眼睛，伸著前爪向小雞撲去的大貓。王丹丹一見毫不示弱，把筆飽蘸，在貓的右側畫了一隻氣宇軒昂的大公雞正拍打著翅膀，凶猛地向貓衝去。阿西的妹妹在一旁觀戰，見此場面，立刻提筆在畫角上方寫上一個大大的「鬥」字。

當年，王丹丹作畫萬餘幅，天津、廣西、杭州、長春等地分別舉辦過王丹丹畫展，多次參加省、市、國家、國際性繪畫比賽。中國美術家協

▲ 王丹丹繪畫作品《聞雞起舞》

會主席江豐，國內知名畫家劉繼鹵、婁師白不僅對王丹丹繪畫進行親自指導，而且還題詩作畫給予鼓勵。一九八五年十一月，土耳其文化和旅遊部舉辦橫跨歐亞兩洲的凱米爾國際兒童繪畫大賽，中國小畫家王丹丹憑藉一幅《聞雞起舞》榮獲金質獎。杭州老畫家余任天聞知王丹丹畫作《聞雞起舞》在國際獲獎，欣然命筆為：「一切功成豈偶然，人工天分兩相連，還須滋養源頭水，寂寞樓居四十年。」一九八六年六月一日，吉林省文化廳和吉林省文聯及市文化部門領導受文化部委託在雙遼文化館樓前隆重舉行頒獎儀式。省領導親自為雙遼第三小學學生王丹丹頒發土耳其凱米爾國際繪畫金獎獎牌、獎金。而後，全國各大新聞媒體爭相報導，促進了雙遼兒童畫創作。王丹丹的畫不僅走出了國門，而且對中外文化交流也起到了一定推動作用。

《雙遼民間故事卷》出版

　　民間文化遺產是人類祖先數千年以來創造的極其豐富和寶貴的文化財富，是民族的情感、道德傳統、個性特徵以及凝聚力和親和力的載體，也是發展先進文化以及提高綜合國力不可或缺的精神資源。《雙遼民間故事卷》是中國民間文學三套集成中民間故事基礎集成卷本，稱為《吉林省民間文學集成·雙遼縣卷》。

　　按照全省部署，雙遼縣委、縣政府決定於一九八六年成立雙遼民間文學集成編委會。並經過一年多的緊張搶救、挖掘、普查工作，共蒐集民間故事三百多篇，共計五十萬字。這些民間故事大多沒有見諸過文字，但它如同鄉間小徑上的車軲轆菜，經歷寒暑，由春及冬地在廣袤的遼河兩岸旺盛地生長著，標誌著極具地域特色的民間文學傳承。

　　全書成捲出版後，受到吉林省文化廳、省民委、省民間文藝家協會和省卷編委會的高度評價，其中部分故事被選入吉林省卷和國家卷。雙遼縣卷主編劉英偉被國家文化部、國家民委、全國藝術科學規劃領導小組授予文化藝術科研貢獻獎。該卷在成書後即在省內外交流，在縣內受到各界群眾的歡迎和好評。

▲《吉林省民間文學集成·雙遼縣卷》

老年大學藝術團廣受讚譽

雙遼市老年大學一九八八年創建至今已走過了二十六個春秋，二十六年來，老年大學已成為「老有所學，老有所為」的重要基地，經過全體師生的共同努力，在創建社會主義精神文明方面，為雙遼市做出了卓越的貢獻。

二〇〇一年，老年大學根據百餘名師生文化狀況實際，組建了老年大學藝術團，設有學員演出隊、京劇社、國畫班。組團以來學校的三個藝術團體健康成長，在活躍當地文化生活的各項活動中發揮了重要作用，成為一支精神文明的生力軍。

老年大學學員演出隊現有學員九十名，他們在上好文化課的同時，經常排練各種歌舞節目，每逢重大節日和重要紀念日，都要到廣場、街道、社區、敬老院以及有關單位做匯報演出，深受群眾歡迎。二〇一一年紀念黨的生日的時候，老年大學演出隊在文化廣場舉行了大型演出，市民踴躍觀看，市委、市政府以及相關領導給予了較高評價，認為演出隊伍政治思想強，藝術水平高。二〇一二年，學校為了迎接黨的十八大，排練了一場精彩節目，其電視錄像在全市播放多次，受到普遍讚揚。二〇一三年七月一日，老年大學演出隊同遼北街北順社區居民同台演出了一台精彩節目，慶祝中國共產黨成立九十二週年。建軍節時，到駐雙遼部隊演出，慰問人民子弟兵。二〇一三年重陽節，學員演出隊與四平燒傷整形醫院在文化廣場同台演出，共慶第一個法定老人節，受到廣泛讚譽。二〇一三年的歲尾，適逢毛澤東誕辰一百二十週年，黨的十一屆三中全會召開三十五週年，老年大學演出隊利用假前剩餘時間和寒假休息時間，趕排了一台節目，作為迎新年賀新春的獻禮，奉獻給當地駐軍和全市人民。節目共分三個樂章：第一個樂章是毛公贊。以大合唱《紅軍不怕遠征難》作為開篇，由校園歌手張瑞、毛玉英領唱，李力指揮。洪亮而激越的歌聲，展示了老年大學師生革命人永遠是年輕的風采。《太陽最紅、毛主席最親》《阿佤人民

▲ 李彩霞、左學表演詩朗誦

唱新歌》等舞蹈優美多姿。八十七歲的徐忠玉自編自演的快板激動人心；第二樂章是改革頌。由學員王麗香組織的集體詩朗誦，謳歌了雙遼改革開放以來的巨大變化，歌伴舞《春天的故事》歡快流暢，讓人感受到時代的蓬勃；第三樂章是七場舞蹈史詩《可愛的雙遼》由李彩霞、左學領誦，把雙遼的發展娓娓道來，讓人耳目一新。

　　擁有二十餘名票友的老年大學京劇社，是老年大學藝術團的一個重要組成部分。票友們熱愛京劇藝術，一年四季不間斷地在老年大學教室裡開展排練活動。以弘揚民族文化為己任，勤學苦練，藝術水準不斷進步，在本市進行多次演出。二〇一一年春節前夕，為全市老年人演出了迎新春聯歡會，並為關工委做了專場演出。京劇社在社長吳建華的帶領下，不斷向更高的藝術境界進軍。為了提高藝術水平，還與四平、白城、松原、通遼、梅河口、長春等票友團體進行聯誼。特別是得到了松原名票楊桂蘭女士的力薦，二〇一二年去通化參加了全國十五省票友文化節的展演。展演中，按大會要求，在三十分鐘內，演出了《白毛女》《赤桑鎮》《二進宮》三個摺子戲，一舉贏得滿堂彩，獲得了京劇名家和吉林省票友協會的充分肯定。認為雙遼市老年大學京劇社，行當齊

▲ 蔡紹德、王曉德表演京劇

▲ 孫玉娟老師和學員們在一起

全，文武場基本完備，有一定的演出實力，被光榮地確定為吉林省票友協會雙遼分會。京劇社在這次全國十五省票友文化節的活動中，有幸見到了國家當紅花臉名家孟廣祿、張派青衣王蓉蓉、楊派老生杜鵬、程派青衣劉桂娟、高派老生倪茂才等，社員們和這些名家近距離接觸併合影留念。演出時，這些名家為他們勾臉扮戲，耳提面命地告訴他們要注意什麼，使京劇社成員感到十分親切。二〇一三年歲尾，為紀念毛澤東誕辰一百二十週年和黨的十一屆三中全會召開三十五週年，京劇社傾情演出十四折（段）現代戲、傳統戲。《將相和》《赤桑鎮》發出了政通人和、執政為民的呼喚，《智取威虎山》演繹了軍民一家親的魚水深情。京劇聯唱《中國夢》則發出了讓人心弦震撼的呼聲。觀看節目的老同志一致反映，如此高格調、大篇章的系列節目演出，在雙遼還是首次。

老年大學針對部分學員喜歡繪畫的需求，於二〇一二年成立國畫班，聘請深諳繪畫藝術的孫玉娟為美術老師，教學員畫中國畫。國畫班的二十多名學員雖然愛好繪畫，卻沒有繪畫基礎，一切都是從零開始。孫玉娟老師耐心地引導學員從素描和工筆入手，分別教學員學畫牡丹、梅、蘭、竹、菊，然後學畫鳥、獸、蟲、蝦，繼而學畫山水，學員進步很快，在她的精心指導下，部分學員在省市繪畫比賽中多次獲獎。國畫班現有學員四十名，正在創作人物系列畫《金陵十二釵》。

▲ 國畫班學員繪畫作品

趙玉發文體大院名揚全省

「趙玉發文體大院」是由雙遼市紅旗街敖卜村農民趙玉發於二〇〇〇年自發創建起來的。十多年來，在雙遼市文體局和社會各界的關注下，不斷提高活動質量。除扭秧歌等健身活動之外，還經常自編自演一些小型文藝節目，活躍了當地的文化生活，產生了積極的社會效益，可以概括為三十二個字：「活躍生活、強心健體、化解矛盾、增進友誼、提高產量、交流科技、穩定社會、發展志趣。」

說起「趙玉發文體大院」的興起，的確是一個富有戲劇性的過程。十多年前，年近六旬的趙玉發和老伴楊桂蘭去瀋陽閨女家串門，每天吃完晚飯出去遛彎兒，就看見成群結隊的老人們手持花扇、穿紅戴綠地湊在一起，隨著撩人的鼓樂和悠揚的嗩吶聲翩翩起舞，那奔放的大秧歌，讓人產生一種樂觀向上的遐思。趙玉發想，還是城裡人會生活啊！咱農村現在也不愁吃不愁穿的，為啥村子裡還總是死氣沉沉的呢？咱就不能學學城裡人，也給他樂起來？

趙玉發是一位善良質樸的東北大漢，他說話直率，辦事不但有個韌勁兒，

▲ 村民在趙玉發文體大院裡扭秧歌

性子也急。他把想辦秧歌隊的想法對老伴兒說了，老伴兒一聽非常贊成，夫妻倆決定次日返鄉。

回到家鄉後的第一個晚上，趙玉發按計劃把自家的音響搬到了院子裡，然後放上大秧歌曲兒，將音量擰到了最大限度，頓時，悠揚而高亢的嗩吶聲響了起來。這正是晚飯後，鄉親們聽到了大秧歌曲，紛紛放下了碗筷尋聲奔來。趙玉發就勢兒把自己在省城看到的和自己想到的跟鄉親們說了一遍，鄉親們都說這個想法好。於是，第一天到場的這四十多個人，就在趙玉發和老伴兒楊桂蘭的帶領下，喜滋滋地扭起了大秧歌。第二天晚飯後，趙玉發又早早將音響搬到院子裡，放上了樂曲。不一會兒工夫，竟來了二三百人。有的還自帶手絹和扇子，帶著笑容隨著樂曲又扭了起來。趙玉發和老伴兒看到有這麼多人願意參加活動，心裡感到非常甜美。他們深深地感受到，鄉親們太需要文化娛樂了！看來自己這事兒辦對了。眼看人越來越多了，只放光碟這氣氛就顯得不夠用了。再說，人家瀋陽那兒扭秧歌都穿著統一的彩服，拿著統一的扇子，打鼓敲鑼吹嗩吶，樂件也都挺齊全。咱這啥也沒有，哪能對得起鄉親們這麼大的熱情呢？他和老伴兒一商量，決定自費投資來買這些必備的東西。

當天夜裡，夫婦倆給在美國定居的大兒子趙文力打了電話，把辦秧歌隊需要資金的事兒說了。趙文力一聽，立即表示支持，並囑咐二老說：「只要爸媽和鄉親們能玩起來、樂起來，把身體調養得好好的，辦秧歌隊所需的錢我拿。」就這樣，在大兒子的積極支持下，「趙玉發文體大院」先添置了鑼鼓、嗩吶等文武場必備的樂器，又買了

▲ 趙玉發文體大院裡的村民們在跳健身操

四十套彩裝，四十把扇子，三百多盤光碟，一套卡拉 OK，還花錢雇了一位師傅吹嗩吶。

▲ 村民與群眾文藝團體成員同台演出

趙玉發、楊桂蘭夫婦在激動之餘，卻又為自家院內的一個大坑犯了愁。趙家大院的面積有六千平方米左右，而這大坑就占去了近兩千平方米，給活動帶來了不便。可要墊上這大坑得多少錢啊？想來想去，趙玉發夫婦倆又給大兒子趙文力打了電話。趙文力當即回答：「墊！」這是一位海外赤子對父母孝敬的體現！也是對鄉親們養育之恩回報的體現。這次買土墊坑花去了七千多元。此後，秧歌隊又添置了老漢推車、花籃、老漢背妻、毛巾等各種道具，兩副乒乓球案、檯球案等等，迄今為止已花銷了三萬餘元。

趙玉發一家無私奉獻的精神，博得了政府和有關部門的肯定和支持，省老年體協投入十萬元資金，協助趙玉發建了七間活動室。趙玉發激動地說：「黨和政府這麼關心我們農民，咱更得好好生活，這文體大院我們要永遠辦下去！」

「趙玉發文體大院」從創辦到發展，一切都是按照農民自己的意願進行的。儘管趙玉發在始創時沒想太多，但隨著隊伍的不斷擴大和活動項目的增多，竟收到了意想不到的社會效應。

效應之一，通過扭秧歌，村裡兩口子鬧矛盾、打架的少了，若用村民楊震海的話來說，現在吃完飯只尋思快點去扭秧歌，顧不得計較那些家長裡短的閒事兒了；效應之二，村裡賭博鬥毆的人少了；效應之三，得病的人少了。還有的人通過扭秧歌把病治好了，例如「農民秀才」鄧玉，原來得過心腦血管疾病，可是通過扭秧歌，他的病不但基本痊癒，而且還能給大夥兒編點單出頭、

小快板什麼的。農民老大姐劉桂蘭，原來有一條腿疼得都變形了，通過扭秧歌竟好轉了，走路有勁兒了；效應之四，婆媳之間鬧矛盾的人少了，原有的矛盾在大家的勸說下也都得到了化解；效應之五，通過接觸，交流種田經驗，學習科學知識的人多了，處事兒的人文色彩增強了，語言變得文明了。

從二〇〇一年起，「趙玉發文體大院」連續三年帶領六十人的秧歌隊參加了全市「迎新春秧歌大賽」，並且獲得三連冠。二〇〇三年，他們代表全市廣大農民參加了建設鄉那達慕運動會的秧歌表演。農民們充滿喜悅而幸福的精神風貌，構成了一道謳歌改革開放成就的亮麗風景線，博得了在場觀眾的陣陣叫好聲。二〇〇四年春節前，他們還組織大家去敬老院慰問演出。在數九隆冬的季節裡，大家耳朵都凍破了，卻沒有一個人叫苦。在敬老院演出過程中，他們沒抽一支菸，沒喝一口水。回來時，卻是由趙玉發個人出資來為大家備酒備飯。

「趙玉發文體大院」的活動，猶如一花引來萬花開。現在已由原來扭秧歌的一花獨秀變成了項目繁多的百花爭春。這千芳萬秀都為「趙玉發文體大院」的百花園起到了點綴作用，使其愈來愈顯得異彩紛呈，耀眼奪目。

「趙玉發文體大院」從成立到現在，贏得了社會各界的廣泛關注。凡是對「趙玉發文體大院」瞭解一二的人，無不對趙玉發夫婦和支持大院活動的趙家長子趙文力豎起大拇指。

吉林電視台農村俱樂部節目組到「趙玉發文體大院」進行了實地採訪錄像；市領導也多次到「趙玉發文體大院」進行走訪和考察。二〇〇四年，趙玉發本人榮獲了「吉林省熱心支持老年體育先進個人」的獎章和榮譽證書；雙遼市老年人體育協會也向趙玉發頒發了「支持老年人活動模範人物」榮譽證書。趙玉發一家自費創辦文體大院的無私奉獻精神，使當地的農民深受感動。

「趙玉發文體大院」辦得好，辦得出色。文體活動已成為當地農民不可缺少的活內容。這是時代的需要、幸福的象徵，也是促進文明建設的催化劑。這朵文體兩棲的奇葩新秀，必將在上級和當地有關部門的辛勤澆灌和熱心呵護下，在趙玉發一家與鄉親們的共同努力下，展現出更加光芒四射的風姿。

舞蹈《風雪路上》在人民大會堂演出

　　雙遼市第三小學是一所藝術教育傳統校。為實施素質教育，培養學生正確的審美觀念和感受美、鑑賞美、創造美的能力，多年來，第三小學始終重視藝術教育工作，確定了「藝術教育」為本校的辦學特色之一，並以此為原則，面向全體學生，通過多種途徑，採取各種措施，積極開展藝術教育工作，努力提高學生的審美和藝術修養，並且打造了學校獨特的藝術品牌。不懈的追求，深厚的功底，創造了驕人的成果，多年來，在全市舉行的中小學生文藝會演、書畫大賽、藝術節等活動中，第三小學成績始終名列前茅，令人刮目相看。

　　二〇〇〇年五月末，雙遼市第三小學排練的舞蹈《風雪路上》，在北京人民大會堂參加全國電影教育專題演出，舞蹈以《草原英雄小姐妹》龍梅、玉蓉為原型，表現英雄小姐妹為保護羊群與暴風雪搏鬥，最終使公共財產免受損失，體現了熱愛集體、勇於戰勝困難的價值觀。孩子們以飽滿的激情和精湛的舞技，征服了在場的所有觀眾，博得了一陣陣熱烈的掌聲。中央電視台進行全程拍攝並做了新聞報導，選擇播放了第三小學小演員們的精彩舞蹈畫面。

　　演出當中，小演員們還受到了北京兒童電影製片廠廠長和著名演員于藍、陳強、陶玉玲等影星們的親切接見並留影。

▲ 著名電影演員陶玉玲等與第三小學的小演員們親切合影

▌第三屆那達慕大會召開

二○○三年九月十日，是雙遼市那木斯蒙古族鄉建鄉四十週年慶典暨第三屆那達慕大會召開的喜慶日子。那木斯蒙古族鄉每十年舉辦一次那達慕盛會。

那達慕盛會是蒙古族的文體盛會，具有濃郁的蒙古族風情。主要的項目有賽馬、射箭、摔跤、打布魯等。那達慕盛會對於蒙古族兄弟來說，是其民族的狂歡節，大人、孩子都穿上民族服裝，英姿颯爽地投入各項比賽或跳舞等文娛活動。每天晚上還要舉辦篝火晚會，火樹銀花，歌舞飛揚，十分火爆熱鬧，整個民族鄉都洋溢在無比歡樂的海洋之中。

這次那達慕盛會是進入新千年以來的第一次。在雙遼市委、市政府的關心支持下，在那木斯蒙古族鄉黨委和政府的精心組織下，在全鄉兩萬農牧民的熱情參與下，從八月二十二日開始到九月十日，在全鄉範圍內舉行了一系列大規模的慶祝活動。特別是九月十日，建鄉四十週年慶典暨第三屆那達慕大會的隆重召開，把整個慶祝活動推向了高潮。廣大農牧民興高采烈，載歌載舞，盡享

▲ 第三屆那達慕大會盛況

民族盛會的歡樂。

除民族性賽事之外，其他比賽也搞得十分熱烈。八月二十二日，全鄉籃球賽拉開了序幕。各行政村、鄉直各單位以及中學、中心校，全部參加了比賽，整個比賽歷時五天。在比賽期間，各參賽隊員發揚頑強的拚搏精神，堅持勝不驕敗不餒的作風，拼實力、打水平、賽風格，給觀眾們留下了深刻的印象。此後，鄉里又舉行了友好鄉鎮的球類邀請賽，加深了彼此的友誼。八月二十七日至二十八日，全鄉的乒乓球賽在鄉政府舉行。全鄉共有四十名乒乓球愛好者參加了角逐。別看這些農牧民習慣於手拿羊鞭，手握鋤桿，可他們打起乒乓球來也是難分難解、你攻我防，非常激烈。雖然技藝不是那麼高超，但打起球來還真像那麼回事兒，有的扣幾板還真有威力。他們認為勝敗不要緊，貴在參與，貴在友誼。

「茫茫無際，藍色的故鄉，風吹草低見牛羊，美麗的草原，空闊的牧場，這就是我心中熱愛的地方。」隨著空闊奔放的草原金曲的奏響，九月一日的全鄉歌手大賽拉開了帷幕。為了參加這次大賽，一些農牧民和中小學生歌手提前一個多月就開始練聲。「功夫不負有心人」，在演唱比賽的時候，一曲曲美妙動聽淳厚甜美的民族曲調，令人如醉如痴，流連忘返。這歌聲，唱出了對共產黨的深情，唱出了對美好生活的追求與嚮往。

九月一日，全鄉書法繪畫大賽也如期舉行。在展室裡，薈萃了二百多幅書畫愛好者的作品。這其中，有幾歲兒童的習作，也有八十多歲老人的佳作。剪紙畫、水墨畫、國畫、油畫，都栩栩如生，美不勝收。書法比賽的參與者達一百五十多人，參加硬筆書法比賽的小選手們書寫的是那麼認真，的確是身手不凡。成年人的毛筆書法比賽，也在緊張有序地進行。在這裡，參賽者揮筆疾書，龍飛鳳舞，各有千秋。

▲ 第三屆那達慕大會現場

吉林省第四屆農民運動會在雙遼舉辦

二〇〇五年九月八日，雙遼市體育場鑼鼓聲聲、彩旗飄揚。由省農委、省體育局、省農民體協主辦、雙遼市政府承辦的吉林省第四屆農民運動會在雙遼市隆重開幕。

開幕式上，一萬多名演員進行了大型文體表演《白山綠野秀》，表演分為序曲《松遼神韻》以及《黑土淳風》《鄉村鼓樂》《田原七彩》《三農奮進》四個樂章。歡快的音樂、鮮豔的服飾、整齊的舞蹈，組成了變幻多彩的圖案，宏大的氣勢、精彩的表演不時激起場上陣陣掌聲。

本屆運動會為期四天，包括田徑特色項目、籃球、乒乓球、中國式摔跤、

▲ 開幕式文體表演現場

象棋、釣魚等，同時也特設了許多與農民日常生活、勞動息息相關的特色項目。比如「六十米回娘家」「一百米學技術」「養雞女狀元」「六十米趕集」「掰腕子」「一百五十米手拉手扶貧」等，這些項目具有濃郁的鄉土氣息，十分貼近農民生活，頗為引人注目，充滿趣味性的比賽讓體育場歡聲笑語不斷，加油聲、掌聲、笑聲匯成一片歡樂的海洋。

　　雙遼社會各界為當好本次農運會的東道主，舉全市之力，營造農運會的氛圍，比如：發放倡議書兩千份、宣傳單兩千張，全市大型建築及主要街路兩側垂掛農運會宣傳口號條幅四十餘條，許多單位還主動擺放了農運會會徽會標。充分利用廣播電視、宣傳板等方式加大宣傳力度，向全市人民提出希望和要求，形成了全市上下人人關心、參與、支持農運會的良好氛圍。

于鳳至紀念館隆重揭幕

于鳳至紀念館建於二〇〇五年，由香港商業名流張桂蘭女士資助，原市史志辦主任魏連生提供資料和圖片，在市委市政府的支持下，把市政府賓館嘉賓樓二層改裝而設。展館有兩個展廳，面積二百一十平方米，大廳一百六十平方米，以圖片和文字資料為主，並縮製「于鳳至紀念碑」一座。展出內容分「奉北名媛、鳳命虎緣、大賢至孝、慈心善舉、輔撐危局、無愧夫君、思鄉愛國、歲暮餘暉」八個部分。

通過展出，全面向人們展示了于鳳至一生的光輝形象。展廳內「于鳳至紀念碑」高三點二米，寬一點八米。懸掛于鳳至夫人與張學良將軍的肖像，還雕有金鳳凰圖案。碑文是「于鳳至夫人英瑤不朽」九個描金大字。第二展廳五十平方米是實物展覽，共有展品二十八件，其中有于鳳至夫人用過的派克金筆、玉珮、手提包、首飾盒、皮箱、衣物等。還有張學良將軍的書法作品和張家人的合

▲ 于鳳至紀念館展廳

影照片以及于鳳至父親於文鬥老宅的遺物等。魏連生的長篇歷史小說《于鳳至——張學良將軍夫人》也在第二展廳展存。

▲ 張學良養女張桂蘭（中）參觀于鳳至紀念館

于鳳至紀念館於二〇〇五年九月十七日正式揭幕。參加揭幕儀式的各界領導、知名人士和社會群眾有四百多人。

于鳳至紀念館揭幕盛況被多家媒體報導後，上至九十一歲高齡的老人，下至小學生，前來參觀者絡繹不絕，除省內各市縣參觀者外，還有來自黑龍江、遼寧、北京、天津、山東、陝西、湖南等全國各地的遊客前來參觀和瞻

▲ 鄭家屯博物館的于鳳至塑像

仰。又因于鳳至紀念館與政府禮堂在同一個大院，每逢市裡召開黨代會、人代會、政協會議等大型會議，與會者都到紀念館參觀，僅兩年時間就接待參觀者上萬人次。尊崇于鳳至的名人達士，特別是家鄉人民，都為雙遼歷史上有這樣一位光耀千秋的超卓女性感到驕傲，把她作為一代尊表永遠緬懷。

于鳳至紀念館於二〇〇七年四月一日合併於鄭家屯博物館（原吳俊升行轅）。

大型系列叢書《雙遼文庫》出版發行

　　二○○六年是雙遼撤縣設市十週年。為客觀展現雙遼文學藝術事業的發展歷程，突出反映改革開放，特別是雙遼設市以來湧現的文藝作品，兼顧介紹其他時期產生的文藝作品，弘揚優秀文化，推進精神文明建設，填補本地文化建設空白，雙遼市文體局經廣泛徵求意見後決定，組織力量編輯出版大型文化叢書《雙遼文庫》，借市慶契機，向全市人民獻禮。

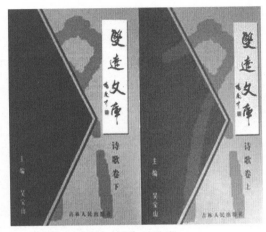

▲ 系列叢書《雙遼文庫》詩歌卷

　　《雙遼文庫》共八卷十冊。即詩歌卷（上、下）、散文雜文卷、報告文學卷、小說卷（上、下）、民間文學卷、曲藝卷、戲劇卷、藝術卷，共三百萬字。叢書收錄的作品主要包括在雙遼公開發表的文藝作品和國內外公開發表的反映雙遼的文藝作品以及雙遼籍作者公開發表的優秀文藝作品。凡收錄作品均附作者簡介、作品發表時間、載體及獲獎情況。

　　二○○七年二月十二日，雙遼市文體局舉行《雙遼文庫》首發式，儀式上無償向市、鄉鎮（街）中小學、鄉鎮（街）文體站、檔案局、圖書館、博物館、老幹部局、婦聯、老年大學等單位贈書。《雙遼文庫》的出版是雙遼人民文化生活中的一件大事，是雙遼文化事業發展的一個里程碑，對於提高雙遼文化品位和知名度具有重大意義，其影響是深遠的。

　　《雙遼文庫》問世後，以其收錄範圍廣、文史掌故多、文字容量大而廣受社會各界讚響。在雙遼乃至四平文化界引起較大反響。

▍文化講堂成為創新品牌

　　為豐富雙遼文化，凝聚市民智慧，提升城市品位，雙遼市圖書館通過《雙遼文化講堂》聚焦地方人文歷史，倡導高雅生活，樹立雙遼文化形象。

　　雙遼市圖書館從二〇一〇年七月十五日開辦《雙遼文化講堂》，已經開展三十一期。先後邀請了雙遼知名人士魏連生、蔡豁然、孫長春、徐廣成、郭澤輝、馬永輝、張紹傑、關學斌、王福山、薛憲峰、李景春、王國山、苗紅豔等人主講。主要內容有人文、歷史、經濟、法律、環保、孝道、養生保健等等。

　　作為文化品牌活動，根據不同層次和不同對象開展不同類型的講堂。老年大學常務副校長魏連生多次做客文化講堂，緊緊圍繞什麼是文化，文化包括哪些內容，文化包括的形態，文化同經濟社會發展的關係以及如何打造雙遼文

▲ 王國山在文化講堂上宣講

化，開展了生動精彩的講座，使人們對文化有了全新的理解，開拓了人們的文化視野。《雙遼的歷史文化》講述了雙遼的文化和歷史。魏連生從雙遼的傳說文化「七星落地」開始講起，還講到了全市的考古發掘文化、水運文化、奉系文化、紅色文化等等。他用翔實的史料和生動的故事，道出了雙遼的歷史發展和深厚的文化積澱，贏得在場聽眾的陣陣掌聲。

講堂進學校，邀請原經委副書記李景春圍繞自己的專著《家道詩書》先後到各學校講述自己敬老愛親的故事。李景春的盡孝道、敬親朋、教子方，雖是在講自己的親身經歷與經驗，但其目的是告訴孩子們在道德的底線中，愛老、敬老是評判一個人品質必不可少的標準，這部《家道詩書》的傳播為每位家長提供了合理的借鑑。

講堂進社區，邀請教育關工委副主任蔡豁然，在紀念「九一八事變」八十週年時在社區講《勿忘國恥振興中華》。通過這次講堂有助於更多的人，尤其是年輕人瞭解「九一八事變」歷史，讓他們將「九一八事變」和民族命運結合在一起，警惕外敵入侵和愛國主義教育結合在一起。

電台台長孫長春講述他的格律詩集《平仄人生》，彰顯了詩人的審美取向和心路歷程，令人感奮不已。

環保局苗紅豔講述的《低碳生活、節能減排》；中醫院醫務科長薛憲峰講述的《中醫中藥與養生保健》；原計生局副局長王國山講述的《養生保健就是健康的充電器》，先後到村屯、社區、老年大學宣講，受到普遍歡迎。

「文化講堂」成為雙遼市民提升修養的精神家園，已經初見成效。

▌農家書屋覆蓋全市農村

　　實施農家書屋工程是一項利國利民的惠民工程、民心工程、德政工程。

　　市圖書館接管農家書屋後，已經建成一百三十家。目前全市農家書屋共有兩百零二家，實現了農家書屋全覆蓋。

　　選擇了具有一定代表性的試點書屋，包括農村和社區書屋。將王奔鎮、服先鎮、新立鄉和遼西街電廠社區農家書屋作為試點，進行調研，就試點布局、選址、人員、設施等工作進行了認真研究，擬定了實施方案。在出版物的配置中，遵循讓農民群眾「看得懂、用得上」的原則，通過走訪農戶、問卷調查、召開座談會、分析已有借閱登記等方式，對農民閱讀需求的基本情況進行了深入瞭解，在此基礎上購置了農家書屋的書架、報刊架等設備。

▲ 農家書屋中的書籍

在農家書屋建設工作中，雙遼市圖書館把健全的管理制度放在首要位置來抓，定期對管理員統一培訓，制定了《農家書屋讀者須知》《農家書屋書刊借閱制度》等簡便易行的管理制度。不定期以實地驗收、現場輔導的形式對圖書管理員進行培訓。逐步將農家書屋建設、管理、使用，納入規範化管理軌道。本著「建設是前提，管理是關鍵，維護是重點，使用是目的」的宗旨，既抓好建設，又抓好管理和使用。依靠文化站長為村民講授農業科技知識和衛生保健知識，極大提高了老百姓借書看書的積極性，進一步提高了農家書屋的利用率。同時對養殖種植專業戶和農業技術員實現對接，實行一對一的幫扶，提高了養殖種植專業戶的效益。結合村支部和社區支部開展多種多樣的讀書活動，針對性地舉辦了多次徵文活動，有獎答題活動，增強農民對書屋的吸引力。在「4‧23 世界讀書日」來臨之際，他們在電廠社區開展讀書報告會，向社區的居民介紹了書籍的由來、讀書的樂趣以及圖書管理的重要性，發揮了書屋的陣地作用。

▲ 農民在農家書屋中閱讀書籍

首屆農民文化藝術節成功舉辦

　　為慶祝中華人民共和國成立六十三週年，迎接十八大召開，激發全市農民群眾的愛國熱情，展示當代新農村、新農民的精神面貌，檢閱農村文化陣地建設成果，自二〇一二年八月二十三日起，雙遼市舉辦了為期一個月的慶祝新中國成立六十三週年暨「輝煌華申，幸福生活」首屆農民文化藝術節。九月二十四日晚，藝術節大型文藝演出暨頒獎晚會在雙遼市華申理想城邦花園小區隆重舉行。

　　本屆農民藝術節由雙遼市委宣傳部、雙遼市文化廣電新聞出版局主辦，市農業局、農機局、廣播電視台協辦，由華申理想城邦房地產開發有限公司贊助。藝術節為期一個月，分為農民歌手大賽、農民秧歌表演賽、農村文化大院文藝展演三個系列活動，自八月二十三日起在每個鄉鎮街進行預賽，評選出的優秀選手於九月二十四日參加了藝術節決賽暨頒獎晚會。

▲ 農民演員在藝術節上表演節目

伴隨一曲喜慶吉祥的《嗩吶迎春》，藝術節大型文藝演出拉開帷幕，隨後《詠梅》、二人轉、歌伴舞、小品《咱村也有文化人》等精彩紛呈的演出，贏得了台下觀眾的陣陣掌聲，而農民歌手獨唱、京東大鼓《趙玉發辦大院》等散發著濃郁鄉土氣息的節目，更讓在場的所有觀眾看到了農村文化的發展和農民精神風貌的改變，盡享到了原汁原味的文化盛宴。

　　此次藝術節時間長，內容多，盛況空前，參與群眾達五千餘人，廣大農民群眾通過秧歌、歌曲、器樂、小品、曲藝等多種藝術形式傳承了中華民族優秀傳統文化，弘揚了時代主旋律，展現了當代農民熱愛生活、積極向上的精神風貌。

▲ 農民演員在藝術節上表演節目

第三章
——

文化名人

雙遼的眾多文學愛好者雖然沒有莫言那樣的重量，但自新中國成立以來，在文化自覺的強力推動下，始終沒有停止發聲。他們親眼看到新中國的日新月異，看到家鄉的翻天覆地，燃燒的激情和沸騰的熱血一刻也沒有停歇。文化的良知和責任感驅動著這些舞文弄墨的時代歌者一直為實現雙遼的斑斕夢想而不懈奮鬥！

▎情寄高雅壯夕陽——書法名家黃寶金

黃寶金（1935-　），雙遼人，自幼受父親薰陶熱愛書法。現為中國書法家協會會員、中國硬筆書法協會會員、中國書畫研修中心中級研修員、東方書畫藝術家協會會員、吉林省硬筆書法協會會員、吉林省老年書畫研究會會員、四平市書法協會會員、雙遼市書法協會會員。

▲ 書法名家黃寶金

黃寶金多年來無論是生活變化還是工作變動，始終不渝地堅持研習書法。他的書法作品曾多次在全國書法大賽、國際書法交流展中獲獎、入集和收藏。作品《一片冰心在玉壺》編入一九九九年《澳門回歸中國書畫精品集》；《四喜圖》編入由渤海書畫院、海內外書畫藝術聯合會出版的《第三屆東方書畫、篆刻藝術國際交流展》一書中。在全國首屆「和諧杯」書法大賽中被授予「全國首批文化和諧使者」榮譽稱號。在全國第四屆民族「騰飛杯」書法比賽中被授予「老年書畫家百傑」稱號。一九九八年書法長卷《祖國萬壽圖》

▲ 書法《中國夢》

▲《華誕賀壽圖》入選《和諧之光》

在「中華杯」澳門回歸中國書畫篆刻攝影大賽中榮獲銀獎。在二〇〇八年北京奧運會期間創作的六點五米長卷——《五環萬福圖》被北京奧林匹克中心收藏。在新中國成立六十週年之際，他創作的《華誕賀壽圖》在《和諧杯全國書畫攝影藝術大賽》中獲金獎併入典《和諧之光》一書。建黨九十週年時他創作的《黨的光輝照我心》在吉林省農行書畫展中獲銀獎。

▲ 黃寶金獲獎證書及名人簽字

黃寶金不僅對書法有很高的造詣，而且對書法理論頗有研究，他根據自己多年學習書法的體會與實踐所撰寫的《書法作品要有時代精神》一文，刊登在《中國硬筆書法報》上並受到有關部門的重視。

黃寶金酷愛書法，無論工作多忙，他每天都要堅持寫上幾筆。尤其是退休以後，研習書法成了他生活的主要內容。黃寶金不但自己愛書法、搞書展，而且樂於向觀眾和書法愛好者講解和傳授書法知識。每次書畫展，他都在現場向參觀者講解書法技藝與每幅書法作品的創作意圖與背景。《百龍鬧春》書畫展正值春節前夕，天氣寒冷。但是，他仍然在展室裡為參觀者現場講解，一直到參觀者走完為止。

這就是一個終生追求書法藝術，情懷高雅的老人。

文櫓詩帆史作舟——方志名家魏連生

魏連生（1945-　），生於雙遼市北部一個偏僻的農村家庭。現任于鳳至研究會會長，中國象棋協會、書法協會、京劇票友協會、詩詞學會等名譽會長。

魏連生生長在地貌淳樸的雙遼大地，雖無大山大河滋養，血脈中卻融入了山的厚重、水的奔瀉。他曾任《雙遼縣志》主編，退休後任雙遼市老年大學常務副校長，老年書畫研究會

▲ 方志名家魏連生

副會長兼秘書長。幾十年如一日在文壇藝海中書寫著多彩的人生，享有較高的社會聲望。二〇一五年一月，魏連生被吉林省委組織部、省委老幹部局授予吉林省離退休老幹部先進個人榮譽稱號。古稀之年的魏連生依然傾心遊走於文壇藝海之中，屢出佳作，出版了《神筆花》《悠遠的星光》和紀實小說《于海川》。為繁榮當地戲劇創作，他創編了大型歷史劇腳本《虎子求鳳》、二人轉《李助君辦學記》、快板書《楊氏三雄戰日寇》和音樂舞蹈史詩《可愛的雙遼》。

人文研究是魏連生的強項。雖然他已經退休，但雙遼有關文化建設的大事還要請他出謀劃策。先後應組織部、文聯、政協之約編寫了《魅力雙遼》《盛世放歌》《雙遼文史》等大型地情書共一百二十萬字左右。二〇一四年三月份又擔任《文化雙遼》一書的主編，帶領年輕同志利用業餘時間，經半年時間的努力《文化雙遼》正式與讀者見面。魏連生又應四平日報社的邀請，以專家學者的身分參加了會議，作為四平日報「城市記憶」專版的撰稿人，已有多篇文章發表在《四平日報》上，如《風雨滄桑大鐵橋》《水旱碼頭鄭家屯》《傳奇仁富桑烏己》的刊出收到了良好的社會反響。

▲ 散文集《神筆花》 ▲ 散文集《悠遠的星光》

魏連生雖不是關工委成員，但他以「五老」身分多次參加關心下一代的工作會議。他覺得自己應該發揮講史說志的專業特長，給孩子們講述國家曾被侵略的真實歷史。為此他多次在雙遼市圖書館的文化講堂開展講座，講述了《雙遼的歷史文化》《鐵骨錚錚左宗棠》《日本的侵華圖謀》，深受聽眾歡迎。魏連生還在學校講述了《遠東陰謀與九一八事變》《中日甲午戰爭》，教育孩子們警鐘長鳴，勿忘國恥。自日本右翼挑起釣魚島爭端以來，魏連生批駁日本政要復活軍國主義種種反動言行的文章在《雙遼消息》上連續發表二十餘篇，對日本政客妄圖背叛人類良知，顛覆二戰後國際秩序的野心給以無情地揭露和鞭撻。幾年來，魏連生先後編纂完成《鐵史警人》《鴻志燃情》等書，在愛國主義教育中發揮了重要作用。

二〇〇八年，魏連生到雙遼市老年大學任常務副校長，他把老年大學當作實現自己人生價值的重要平台，為改變學校面貌，提高教學質量花費了大量心血。

首先，他針對師生思想混亂的實際，抓了建章立制，經多方徵求意見制定了《校規》草案，提出了「五字」（即德、智、健、樂、為）「三風」（即謙和、禮讓、奉獻）的施教方針。為使學員成為教學過程的主角，他創新工作，提出了審美、智能、才藝三個展示，強化了學員與教師的互動，開發了學員的潛質。師生們把這種教學模式稱為「一主一掛」，即老師講一課帶動學員搞一次活動。如講完國學基礎課就在學員中開展一次故事會，講完美文欣賞就在學員中開展朗讀比賽，講完中日甲午戰爭就在學員中開展一次對日本軍國主義反動言行的批判，這種紮實而活潑的教學機制收到了良好的教學效果。

其次，魏連生根據學員實際在學校創辦了「老年大學藝術團」。藝術團有三個組成部分，學員演出隊本著逢節必慶的傳統，定期到文化廣場、社區、演播場館演出。二〇一四年，學員演出隊排練演出了由他主筆寫成的大型音樂舞蹈史詩《可愛的雙遼》，錄像在電視台多次播放。老年大學京劇社常年堅持演練，多次到周邊兄弟市縣和省、國家一級去聯誼演出，被省京劇票友協會吸納為「雙遼分會」，獲得了國家傳統文化基金會頒發的優秀社團獎牌。國畫班二十餘名學員不但研習了梅、蘭、竹、菊、荷的畫法，還畫了「四大美人圖」，現在正在研習紅樓夢人物「金陵十二釵」。國畫班已經成為雙遼市老年書畫活動的主體，學員的作品經常在當地和外地展出，受到普遍讚譽。

在抓好校務工作的同時，魏連生還承擔著講課任務。幾年來他先後為學員講解了《吳越春秋》《左宗棠》《長孫皇后》《梁紅玉》《伍子胥》《趙氏孤兒》《對文化的認知》《雙遼的歷史文化》《紅樓夢導讀》《日本的侵華圖謀》《中日甲午戰爭》《遠東陰謀與九一八事變》等許多重要講座，受到師生的歡迎。

魏連生作為一位文化工作者，晚年生活光彩四射，充實了自己，快樂了別人，也奉獻了社會。

指間流韻彈心曲——作曲家張建華

張建華（1947-　），吉林省雙遼市人，二級作曲家，畢業於吉林師範大學，一九六八年參加工作，擔任鍵盤演奏員、作曲指揮。現任雙遼市音樂舞蹈家協會主席、中國音樂家協會手風琴學會會員、吉林省音樂家協會會員、四平市音樂家協會副主席。中國音樂家協會、中國歌舞劇院鋼琴、電子琴考級考官。「魅力中國、明日之星」全國青少年大賽評委。

▲ 作曲家張建華

作為一名音樂人，創作是他的本職工作，很多作品在省市獲獎。雙遼市市歌《雙遼精神之歌》獲雙遼市政府創作獎。歌曲《飛翔》被選定為吉林省第四屆農運會會歌。《扛起鐵鍬趕太陽》《修路的哥哥慢點走》《共同的豪邁》《雙遼之歌》《讓祖國永遠是春天》等創作歌曲連續五年獲雙遼市委宣傳部「五個一精品工程獎」。《雪花謠》《綠柳與白楊》《搖籃情》《今天的時光屬於我》《我們是電廠新一代》等在省市創作歌曲演唱會中獲獎。二〇一二年為一部微電影《母子情緣》創作主題歌《報答》，視頻在「愛奇藝」網站上播放。

在文化館期間，組織徵集音樂作品二百餘首，編輯出版兩本創作歌曲集《遼水歌聲》《英雄城頌》。二〇〇〇年以「唱家鄉」為主題組織拍攝了十二部創作歌曲 MTV 在四平電視台、雙遼電視台播出。現仍存放在雙遼政府網站《視頻雙遼》欄目中。

一九八五年在雙遼藝術團及文化館學員班開始音樂教學工作。二〇〇二年退休後正式註冊「張建華音樂學校」。開設鋼琴課、電鋼琴集體課、聲樂、視

▲ 專著《電子琴電鋼琴集體授課教程》等

唱練耳、作曲、高考培訓等課程。二十多年來教過的學生千餘名，有百餘名考入大中專藝術院校，部分優秀學生考入了國家重點大學。其中，趙立群等五名同學考入瀋陽音樂學院，張明月等八名同學考入東北師範大學。崔迪同學考入吉林省藝術學院作曲系，現已畢業成為北京小有名氣的金牌音樂製作人。曹曼同學考入吉林大學，而後又攻讀聲樂碩士研究生，目前在長春師範大學任教。

　　傳統的一對一鋼琴教學，昂貴的學費和鋼琴購置費，對於普通家庭來說，孩子學琴永遠是個夢。為圓想學習鋼琴孩子們的夢，降低學習鋼琴的費用，張建華開始嘗試集體授課並編寫教材，二〇〇四年和二〇〇七年，他先後出版了個人專著《電子琴電鋼琴集體授課教程》與《聲樂視唱練耳彈唱教程》，由吉林人民出版社出版發行。張建華培養出來的學生在各級各類比賽、考級、升學

▲ 張建華與學生們在一起

的競爭中都取得了優異的成績，特別是在音樂素質、心理素質上有著明顯的優勢。

　　二〇〇八年八月六日，由雙遼市文體局、雙遼市文聯主辦，雙遼市文化館與雙遼市藝術團協辦，在雙遼大眾劇場舉辦了《張建華文藝工作四十年音樂教學二十年專場音樂會》，一百多位包括許多外地已經走上工作崗位的學生們專程趕回來參加演出活動。整台演出氣氛熱烈，節目異彩紛呈，雙遼電視台做了專題報導，視頻在優酷網上發布。

　　二〇〇八年以來，「張建華音樂學校」三次被雙遼市教育局評為「民辦優秀教學單位」，他本人在全國音樂考級活動及各項大賽中多次被評為「優秀指導教師」。

翻檢歲月覓芬芳——鄉土作家宋今聲

　　宋今聲（1948 年- 　），筆名沙嶺樵，出生於吉林省懷德縣十屋鄉後東龍岱村，一九五五年一月從十屋鄉二里界村隨家搬遷到雙遼縣興隆鄉東二龍村後三家子屯。雙遼市作家協會理事、四平市作家協會會員、中華辭賦社會員、雙遼市書友協會秘書長。散文創作已經形成自己獨特風格，並且屢屢見諸省及國家級報紙雜誌。雜文散文先後多次被《四平日報》《吉林日報——東北風副刊》《吉林銀行業》《東北金融》《地方金融》《中國徵信》《中國紀檢監察報》《中華合作時報》《新科教》《金融博覽》等採用。其雜文《小心劃下你今天的每一筆》曾經被吉林省紀檢委機關期刊《浪淘沙》一九九六年度六月號取為卷首語；雜文《珍視清白》被陝西省紀檢委機關期刊《黨風與廉政》二〇一二年九月號取為卷首語；雜文《無求與當求》發表於二〇一三年五月二十三日《中國紀檢監察報》。近年來他在現代辭賦研究創作上有新突破，先後創作百餘首辭賦作品已被國內各級報刊媒體採用四十餘首。今年一月，他的《春賦》和《補丁賦》被新創刊的中國作家協會主管、中國作家出版集團主辦的《中國辭賦》雜誌採用。所創作的中篇小說《野崗情緣》和《禍亂下河灣》分別在《雙遼日報》和《遼水文學》連載。已經著有個人散文集《增年錄》等三種。

　　宋今聲走上文學創作這條道路可謂坎坷艱難。一九六二年他小學六年級畢業因家貧輟學回家務農。

▲ 鄉土作家宋今聲

當時家裡窮的吃了上頓沒下頓，他身上穿的衣服綴滿補丁。母親病逝以後，他父親帶著他們兄妹四人艱難度日，家境雪上加霜。他是老大，自然要帶頭吃苦，為了省錢，從春播到秋收，光腳下地幹活；農活他樣樣精通，還掏過廁所，修過路，打過魚。

雖然很累，他仍然捨不得放下晚飯後這段寶貴的讀書時光。晚飯後全家人進入夢鄉，他便點燃一盞煤油燈，趴在炕上奮筆疾書白天已經想好的得意之句。有時胳膊架累了，胸脯硌疼了，便披上衣服來到屋外抬頭看看「三星」。稿子寫成，清晨便裝在自己做的信封裡，上工時帶在身上，以期碰上郵遞員或托進城辦事的人捎到郵局寄出。

一九七四年秋天，他用舊坯頭在家裡屋中一隅搭砌一個一米半見方的土框，上邊擺上整齊的向日葵稈子，然後再用鹼泥抹平，陰乾之後，用塑料布蒙上，就成了嶄新的寫字檯。一次，隊幹部們到各家各戶檢查衛生（那天湊巧他在家），有人看見他的寫字檯，戲謔說：「你的『辦公桌』不錯啊！」

就是在這個寫字檯上，他連續九年完成了每天晚上兩小時的讀書時間。冬天，本來屋子裡就已經很冷了，伏在冰涼的土檯子上讀書寫字，確實要付出一定代價，凍手凍腳，那是每年冬天必須經過的一段痛苦。他曾經說，儘管條件那樣艱苦，在讀書時的頭腦卻十分清晰。這也許是「身處貧寒地，萬苦志不奪」的緣故吧。

有一年開春給各家抹房子，他往房上扔泥，一不小心把兜裡的筆記本掉進了泥堆裡，當他跳下板凳伸手到泥堆裡取筆記本時，一位大叔正在往泥堆裡搓泥，他停下來不高興地說：「莊稼人以幹活為本，幹活揣著書本，別著個鋼筆，假裝脫產幹部！」聽了這話，他似乎蒙受了極大侮辱，但是，他忍受了，因為，畢竟因此耽誤了幹活。後來他調到場部工作，還是這位大叔誇獎說：「有能耐啥時候也埋沒不了哇。這要是不會寫，就得在咱這土裡刨食一輩子！」

他痴迷文學，到處「淘寶」。一九八一年「掛鋤」後出民工，中午在一戶

人家做飯，看見人家牆上貼有一九七八年十月三十一日的《光明日報》四版文學專欄裡的文學評論《〈文心雕龍〉再議》（那時他正在讀《文心雕龍》），央求戶主摳下來。後來他聽說那年人家新糊的屋子是給兒子結婚用的新房。按理說，新糊的牆壁是不應該用刀劃的，更何況是娶媳婦用的新房了。但是，人家都能「忍痛割愛」，分明是在成全、體諒。每當提到這事兒，宋今聲不無感慨地說：「故鄉人多好啊，是他們的淳樸、實在和溫和，推動了我的業餘學習；我的業餘學習和文學創作裡有他們一份功勞，使我在那種艱難困苦的年代和環境裡學到了知識，得到了文化滋養；使我從那裡走了出來，步入嚮往已久的讀寫天地，擁有了自己的一塊精神家園。」

現在，他已經擁有包括《二十四史》《資治通鑑》《全唐詩》《太平御覽》和五經四書在內的各種成套典籍名著兩千餘冊。一九八五年後，他的文友們曾經多次敦促他走出種羊場，但是，他捨不得養育他的故土。他面對故鄉的一草

▲ 辭賦《草賦》刊發於《金融博覽》2013年 ▲ 辭賦《春賦》刊發於《中華辭賦》創刊號
8月上半月刊

一木，一景一物，一縷炊煙，一點燈光，都能抒發情懷，寫出一篇有滋有味的文章來。

一九九〇年，已經四十三歲一沒文憑二沒學歷的他，憑著自己的寫作實力被調入種羊場機關工作。他對這次機遇和優越的工作環境非常珍惜，工作之餘，更加發憤讀書學習，潛心文學創作，憑藉生活積累，他所創作的散文以既有濃郁的生活氣息，又具備深刻的思想性、可讀性而深受讀者喜愛，許多讀者把他的散文從報刊上剪裁下來收藏。

二〇〇〇年職務已經是正科級的他被場子

▲ 文集《增年錄》

「一刀切」。下崗時開始給兩坰地，後來地也沒了，一個月就給一百五十元錢生活費。但是，他知足無怨，開始了人生旅程的二次奮鬥。先是在長春兩家媒體打工，兼職中辰集團吉林分公司企劃部主任，每月收入不菲。正在孜孜以求之時，他患上急性膝關節炎，無奈之下，回家養病。此間受到吉林日報社編委、《吉林農民報》總編輯趙春江（現為吉林省攝影家協會主席）、《四平日報》總編輯李文韜、雙遼市委宣傳部劉希森和譚成剛兩位副部長以及《雙遼日報》劉建軍、楊大群的關注。二〇〇二年四月臨時調到《雙遼日報》參與編寫《與改革同行》一書。同年八月一日，受聘於雙遼農聯社從事文秘及宣傳工作，在這裡，他一幹就是五年。二〇〇七年聯社按照省聯社精神，將所用臨時工全部辭退，二〇〇八年一月復聘於雙遼市互聯網信息中心至今。

一切艱難困苦都已成為歷史。進入老年的宋今聲從坎坷中獲得了堅定，在困境中得到了歷練。現在，他正在憑著多年的讀寫積累，在生活的積澱裡挖掘著、翻撿著，用自己嫻熟的筆觸描繪純真心曲，潑灑清新芬芳。

琴絃盡奏天地情
——雙遼市二人轉藝術家協會主席馬靜濤

　　馬靜濤（1950-　），一九六二年原雙遼戲曲學校畢業。現任雙遼市二人轉藝術家協會主席、雙遼市文化館群眾藝術團團長、吉林省二人轉藝術家協會會員、中國京劇票友協會會員、四平市音樂家協會戲曲分會副主席。

　　馬靜濤長期從事文化藝術工作，才華出眾，刻苦鑽研藝術，勤學奮進，自學成才。在劇團任主弦板胡演奏員時，二胡、京胡、打擊樂，樣樣皆通。吉劇、評劇、京劇、二人轉、歌曲、板胡等都能獨奏或伴奏，演奏風格獨具特色，妙指生花，音色優美，如歌如訴。多年來，為各類大戲小戲伴奏的劇目達

▲ 馬靜濤

四百多個。同時，他還愛好文學音樂創作，代表作有：為頓寶玲創作的大型古裝歷史吉劇《三獻策》譜曲；為單出頭《育紅花》譜曲，由國家一級演員梁學華演出，獲省電台電視台二人轉、小戲展播大賽一等獎；為計劃生育宣傳創作的山東快書《只生一個就是好》，發表在《遼水文學》刊物上；為農機廠創作的廠歌《農機廠贊》在全廠傳唱；二〇〇九年，為福耀集團雙遼玻璃廠創作的《福耀人之歌》在春節聯歡晚會上演出，並發表在福耀

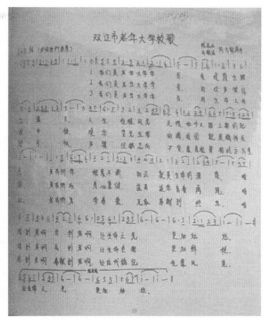

▲ 雙遼市老年大學校歌

▲ 馬靜濤（中）與省著名二人轉表演藝術家韓子平（右）、董瑋（右）

集團總部辦的刊物上；二○○五年，為雙遼市老年大學創作校歌《我們是老年大學學員》；為二○一○年雙遼春晚節目京歌《快樂在雙遼》譜曲，在電視台播放；為二○一三年雙遼春晚創作京歌《自豪雙遼人》在電視台播放，並傳遍網絡。

馬靜濤酷愛戲曲和二人轉，一九九六年至二○一三年在韓子平二人轉藝術學校任副校長期間，組織師生排演三十多齣二人轉和拉場戲，到農村進行巡迴演出。二○一二年末，在市文聯換屆中，受文聯委託組建了雙遼市二人轉藝術家協會，並成為吉林省二人轉藝術家協會集體會員。二○一三年，馬靜濤組織二人轉協會骨幹成員，與文化館業餘文藝骨幹聯合排演了一場二人轉、戲曲、歌曲、舞蹈等綜合性文藝節目，到社區、農村文化大院進行公益性演出，受到了廣大群眾的熱烈歡迎。在迎「七一」的時候，省電視台吉視鄉村《農村俱樂部》欄目組專程來雙遼採訪，錄製的節目在全省多次播放。在二○一四年「雙遼百姓鬧春潮」活動中，參與組織了文化館群眾藝術團的春晚節目，在電視台播放。二○一四年十月二十六日，馬靜濤又組織二人轉協會演員到雙遼市遼南街團結社區演出，慶祝中華人民共和國成立六十五週年，受到了街道、社區群眾的熱烈歡迎。

馬靜濤為人熱情，對藝術執著追求，從不計較個人得失，甘願奉獻，是一名當之無愧的文化志願者。

揚帆詩海任徜徉
——雙遼市詩詞學會創始人鞏耀華

鞏耀華（1950-　），筆名：碧水漁者、歌翁、弓凡。原雙遼市詩詞學會名譽會長、四平市詩詞學會副會長、雙遼市詩詞學會會刊《遼水歌吟》詩刊主編。現任雙遼市詩詞學會名譽會長、中華詩詞學會會員、吉林省詩詞學會理事、四平市詩詞學會藝術顧問、雙遼市文聯名譽副主席、雙遼市作家協會常務理事、雙遼市詩詞學會會刊《遼水歌吟》詩刊顧問。參與吉林省詩詞學會、吉林省長白山詩社編撰的《中華詞律辭典》《中華實用詩韻》編撰工作，並擔任編委。傾情於格律詩詞、散文及紀實小說創作。近年來，在《中華詩詞》《文化月刊》《長白山詩詞》《四平詩詞》《中華詩詞文庫·吉林詩詞卷》《中國釣魚》《遼水文學》等各

▲ 雙遼市詩詞學會創始人鞏耀華

▲ 鞏耀華主編的《遼水歌吟》詩刊

級詩刊、報刊發表詩詞作品百餘首，並有多篇論文、散文、小說等文學作品在國內報刊上發表。

鞏耀華自二〇〇三年擔任雙遼市詩詞學會首任會長以來，認真貫徹黨的文藝「二為」方向和「雙百」方針，堅持「謙和、勤奮、傳承、創新」的學會精神，做到繼承與發展並舉，普及與提高相結合，有力地促進了雙遼市詩詞文化事業的繁榮和發展。為辦好《遼水歌吟》詩刊，他克服困難，多方爭取經費、籌措資金創辦《遼水歌吟》。該刊彩封彩頁，每年出四期（季刊），每期印刷五百冊，現已發表詩詞作品萬餘首。同時，他加大了詩詞隊伍建設力度，使雙遼市詩詞隊伍從無到有，逐年擴大，現已發展會員一百多人，中華詩詞學會會員九人。為提高會員寫作水平，除在《遼水歌吟》上連載格律詩詞寫作知識外，還進行詩詞寫作知識培訓和組織會員開展域內外文化採風，既激發了會員的詩詞創作積極性，也提高了會員的詩詞創作水平。他充分利用互聯網媒體的傳播優勢，創建了《詩海揚帆》詩詞群，目前有省內外詩詞群友二百名，為域內外詩友加強交流、增進友誼搭建了良好的平台。二〇一一年，由中華詩詞學

▲ 格律詩詞集《浩氣長歌》　　　　▲ 詩文集《情洒遼河畔》

會編撰的《中華詩詞文庫‧吉林卷》中收錄了雙遼市十六位詩友共計五十一首詩詞作品，極大地鼓舞了雙遼詩友們的詩詞創作積極性。

鞏耀華積極組織會員參與各種活動，服務於社會。在紀念毛澤東同志《在延安文藝座談會上的講話》發表六十二週年之際，他積極協調成功組織舉辦了首屆「雙遼市『綠洲盃』詩歌、散文大賽」；在雙遼市解放六十週年紀念日時，他擔任副主編並組織廣大詩友創作編輯了一部反映雙遼解放鬥爭史和日新月異變化的格律詩詞專集──《浩氣長歌》，這部詩集是愛國主義教育和革命傳統教育的珍貴教材；為緬懷市老領導，受市關心下一代工作委員會領導委託，由他擔任主編，組織廣大文友創作編輯了緬懷費國有同志逝世一週年詩文集──《情灑遼河畔》，受到廣大幹部群眾的一致好評；在紀念雙遼解放六十週年之際，他牽頭組織學會骨幹創建了全市首個「雙遼烈士紀念館」，結束了「有園無館」的歷史；為貫徹落實「中華詩詞要走進大中小學校園」的精神，他將會刊《遼水歌吟》免費發至全市各中小學校，並在市內建立了兩所中小學校普及詩詞連繫點，建立詩詞興趣小組，詩詞學會派人定期為師生進行格律詩詞基礎知識輔導，培養了一批詩詞創作新人；在雙遼市每年開展的「三節」活動中，他連續九年組織會員在春節前夕舉辦「迎新春詩詞吟誦會」，會上吟詩作賦，輔以歌舞、書法繪畫等才藝展示，為弘揚主旋律、發揚光大中華傳統文化起到了積極作用，也為節日增添了濃厚的文化氣氛。

文亦有道終不悔——雙遼市作家協會主席張惠民

張惠民（1950-　），筆名秋石，吉林省雙遼市人，中國作家協會會員，詩人。一九六八年前後曾下鄉插隊做過知青、總後勤部二〇一部隊五七軍馬場牧工、政治處新聞報導員、宣傳幹事、史志辦編輯、群眾藝術館創編室主任、《遼水文學》執行主編等。

從六十年代開始，張惠民就走上了文學創作的道路，爾後便有詩歌、小說、散文、報告文學等作品散見於《詩刊》《星星》《綠風》《當代詩歌》《詩選刊》《中華文摘》《散文選刊》《飛天》《青海湖》《草原》《青年文學》《作家》《美文》以及《人民日報》《光明日報》《解放軍報》《內蒙古日報》《人民鐵道報》《法治日報》《都市作家報》《中國文化報》《吉林日報》等國內數十家報紙雜誌之上。其中系列組詩《鄉土情深》《在草原深處》《遙遠的回聲》以及

▲ 雙遼市作家協會主席張惠民

散文《小城偶落黃昏雨》《淡泊明志天地寬》，報告文學《鐵血雄風踏浪行》等曾榮獲甘肅、青海、內蒙古、遼寧、吉林、黑龍江等省、市詩歌創作優秀獎、散文作品佳作獎、新中國成立五十週年徵文一等獎。曾結集出版報告文學集《為了這一片土地》；詩歌集《散落的花瓣》《張惠民抒情詩選》；散文隨筆集《遠方的牽掛》《雙遼史話》。一九八二年出席吉林省首屆業餘創作積極分子表彰大會。一九九六年以後兩次出席吉林省作家代表大會，兩次赴北京參加人民文學和詩刊社舉辦的「金秋筆會」「五省一區」詩歌研討會，多次被省文聯、省作

▲ 報告文學集《為了這一片土地》

協授予「優秀創作輔導幹部」「優秀期刊編輯」等光榮稱號。

　　張惠民從事文學創作四十多年，發表各類文學作品近三百萬字，相繼出版個人專著六部，組織編印其他書籍十餘種。其主要創作成績先後被收入《吉林省作家傳略》《世界華人文學藝術界名人錄》《中國文學家辭典》當代作家分冊。現為國家二級作家、北京《報告文學》雜誌特聘作家、吉林省聘任製作家、雙遼市作家協會主席。

　　張惠民的文字與他的外貌、語言是截然不同的風格。外貌上，他除了那副眼鏡看上去很斯文，其他都是典型的東北特徵——嘴巴很大，鬍子拉碴；語言上他大大咧咧，不拘小節。而他的文字，卻是那樣的細膩、波瀾不驚。

　　「賽似珍珠的是雨，如絲如縷的是雨，儘管那敲擊之聲，流動之音還不具

備音樂的天賦，但無時無刻不蘊含著天然古樸的音樂之美。潤物細無聲是雨的本色，它浸染著土地，讓根鬚吸吮著清新，讓花蕾接納了鮮活，就連我們這座小城在黃昏的絮語當中，都感到有青春的活力在散發。和諧、安寧又開始廣泛地與人們接觸，一切有生命的植物在雨水的洗滌下開始舒展、綻放。」（《遠方的牽掛》之《小城偶落黃昏雨》）

如果不認識張惠民，只品讀這段文字，任何人都不會想到，這旖旎、清新、細膩的文字出自一位年過半百的小老頭兒之手。這段文字就像一幅掛在喧囂中的水粉畫，靜靜地流淌著生命，不事張揚，卓爾不群，樸素中帶著作家獨特的視角與感覺。讓你感受到小城的安靜，也能感受到小城的靈動，這安靜與靈動分明是作家心靈的舞蹈，他，舞給自己，卻感動了這座城，以及城中的人們。

「一個有完整意義的詩人，不僅要有嚴肅的社會責任感，同時也需要有出色的詩的才情。詩人並非都是哲學家，但哲學的智慧並非是哲學家的專利，它應該是詩人的一種可貴素質。」張惠民在《遠方的牽掛》中《風牽曲徑通幽處》一文裡如是說。從中我們看到了作家辯證思維的豁達，以及靈性中閃耀著的詩的光芒。作家是不能不思考的群體，他們張揚著也寂寞著，他們聚會的時候可以大口大口地喝酒高談闊論，他們安靜的時候恨不得關掉所有的通訊方式，只需要一杯茶，一根菸，一支筆，一沓紙。哲學的辯證思考對於作家來說，是創作前的必須，是創作中的主線，是作品完成後的釋懷。因此，張惠民在總結雙遼文學創作五十五年的成果文章裡，用他的哲學辯證思維從容的評點著五十五年來雙遼幾代的作家，他在欣賞中帶著拷問，讚美中帶著審視，還是那樣的波瀾不驚中，向你展開了雙遼文學創作五十五年的長長畫卷。

時至今日，張惠民雖已在文聯退休多年，但仍筆耕不輟，每年都有一定數量的詩文發表，就像八〇年代那樣，依然是不改初衷的在雙遼文壇上堅守著——文亦有道終不悔。

詩書畫印俱生輝——藝術家房愛廣

　　房愛廣（1951-　），山東鄆城人，一九七四年遷居到雙遼。吉林省書法家協會會員、四平市書法家協會副秘書長、雙遼市書法家協會常務副主席、中國硬筆書法家協會會員、吉林省硬筆書法家協會理事、中華詩詞學會會員、吉林省詩詞學會會員、四平市詩詞學會常務理事、雙遼市詩詞學會名譽會長。

　　作品散見於《中華詩詞》《中華辭賦》《長白山詩詞》《中華詩詞文庫》以及其他書刊；併入展「吉林省第二屆書法展」「吉林省書協首屆臨碑帖書法展」「吉林省書協好太王碑書法邀請展」「第六屆亞洲藝術節・書法精品展」；榮獲省文聯、省總工會主辦的「泉陽泉杯職工美術書法大展」優秀獎；國畫《梅花》獲省老齡委主辦的「吉林省首屆老年書畫大賽」二等獎，作品載入大賽獲獎作品集，曾多次獲得省文化廳主辦的春聯書法大賽一等獎，多次獲省硬筆書法家協會主辦的書法大賽金獎、銀獎，並被授予「吉林省硬筆書法名家」稱號。

▲ 藝術家房愛廣

　　房愛廣在第二故鄉——雙遼，享有「詩書畫印四絕」的盛譽。他的作品圓融、內斂、厚重、大氣，頗具儒家風範，深得專家的首肯和百姓的熱愛。

　　他於一九五一年出生於山東鄆城。自幼襲承家學，研

▲ 房愛廣國畫作品

習詩、書、畫、印。曾師從山東知名畫家黃慶霈先生多年，受益頗多。因此早在學生時代便在鄉里小有名氣。

自古雄才多磨難。一九七三年，他被抽調到鄆城縣外貿公司美術組，從事出口工藝美術品的繪畫工作。後因受直系親屬所謂歷史問題的影響，不能轉為正式職工，參軍、升學更是無望。他於一九七四年高中畢業後回鄉，接受勞動鍛鍊。兩年以後，他毅然拋掉那段特殊歲月留給他的無奈和惆悵，懷著自己對夢想的憧憬，也懷著自己對未來的迷茫，隻身遠走他鄉，闖進了關東，闖進了他在夢裡都沒有到過的地方——雙遼。

不知是超常的適應性使然，還是吉人自有貴人相助所致，房愛廣這顆從魯南飄來的種子，在吉西這塊黑土地上不僅深深地紮下了根，而且默默地抽枝展葉，孕育著美好的夢想之花。

是金子總會發光。那是一次偶然的機會，他那懸掛在王奔公社會議室裡的書畫作品，被縣商業局局長慧眼識珠。於是他被破例從農村招聘到縣裡，從事美術、廣告和宣傳工作，夢想之花由此得以綻放。

從此，他便懷著一顆感恩之心把工做作得精益求精，風生水起。

苦心人，天不負。由於個人勤奮好學和書

畫名家的指點，房愛廣的書畫藝術水平不斷
提高，深受雙遼人民的推崇和喜愛。如此，
他便在雙遼市第六屆文代會後，榮任市書法
家協會副主席、文聯委員，並連續六屆被推
選為市政協委員。

　　幾十年來，他參與舉辦了多次書畫展覽
及書畫交流活動，為雙遼的書畫藝術事業做
出了突出的貢獻。

　　從二〇〇四年起，由於詩詞藝術卓有成
就，他被推選為雙遼市詩詞學會名譽會長、
《遼水歌吟》特邀編審、副主編、執行主編、
四平市詩詞學會常務理事，並被中華詩詞學
會吸收為會員。其詩詞作品先後發表於《長
白山詩詞》《中華詩詞》《文化月刊·詩詞版》
《詩詞月刊》，並有十三首詩詞作品入選《中
華詩詞文庫》；二〇一四年，《中華辭賦》在
第十二期刊物上，還設專頁刊發了他的詩詞
作品及簡介、照片。

　　術業有專攻。房愛廣的詩、書、畫、印
藝術，既注重傳統功力的修練，又力求創
新。其筆法厚重凝練，有自家風貌，使他成
為雙遼市不可多得的四藝全能藝術家。

▲ 房愛廣國畫作品

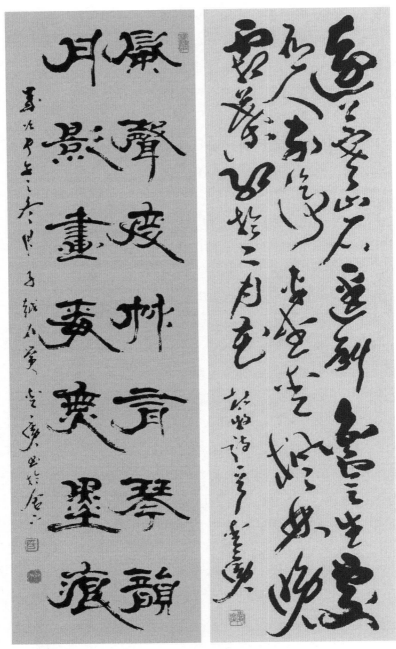

▲ 廣愛廣書法作品

用執著鐫刻人生——書法篆刻家趙景龍

趙景龍（1952-　），筆名二龍、醒龍，號醒龍居主人，生於吉林省雙遼市。擅長書法、篆刻，中國書畫名家協會會員、中國書畫藝術家創作中心研究員。

▲ 書法篆刻家趙景龍

近年來，趙景龍的名字被越來越多的書畫文人藝術家所熟知，他以多年不輟的書法、金石篆刻，蜚聲松遼大地。

東遼河、西遼河兩條大河懷抱中的雙遼是一塊物產富饒，文化底蘊深厚的沃土。這塊自古以來歷經大河湯湯洗禮和蒙古草原疾風駿馬馳騁的土地，從來就不缺少英雄豪傑和文人墨客。文化的傳承和藝術的滋養如北方寒夜中明亮溫暖的篝火，指引和召喚著她的靈性執著的兒女厚重沉穩的腳步，趙景龍就是這些靈性執著兒女中的一位。受家庭文化的薰陶，趙景龍自幼酷愛金石、書畫藝術。即使在那個文化受到粗暴摧殘的年代，年僅十五歲就衝破家庭的阻攔，爬上近五十米高的大煙囪寫下「高舉毛澤東思想偉大紅旗奮勇前進」這幾十年一直熠熠生輝的大紅標語。

他從那時起從未間斷從古篆、古印及歷代書法名家作品中汲取營養。隨著

年齡的增長和閱歷的加深，趙景龍又利用業餘時間一邊系統研讀《篆刻學》《中國古代書畫家印款鑑賞》《篆刻創作大典》《吳昌碩印譜》《古文字類編》等專業論著，一邊磨礪自己的刀筆。其書法、篆刻作品取法甲骨文、金文、歷代碑刻、秦漢印等，並博采趙之謙、吳昌碩等諸家之長，筆力、刀工日漸自如成熟。如一派莽莽原野，在經歷了春的萌發，夏的繁盛，又經過了一場秋霜的浸染，這大美的山川愈發色彩濃烈了。到了花甲之年，趙景龍創作激情勃發，創作風格日臻成熟。

▲ 篆刻作品「國泰民安年豐」

▲ 篆刻作品「和諧發展昌盛」

　　新近的篆刻「見龍在田」「剛健中正」等作品在《2008 國際書畫大獎賽》中獲金獎。篆書毛澤東詞「沁園春雪」，篆刻「玉米大豆大解放」等作品在《首屆全國老年書法家作品大展賽》中獲金獎，作品入選「全國政協禮堂書畫作品展」併入編《精品集》，個人被大展賽組委會授予「百名德藝雙馨書法家」榮譽稱號。篆刻「家在西遼河畔」「塞外見」等作品在《夢想二○○八年書法藝術年度獎邀請賽》中獲優秀獎，個人被授予《中國書畫年刊》「優秀書法家」榮譽稱號。篆刻「祖國萬歲」「和諧發展昌盛」「國泰民安年豐」等作品在《迎盛典聚民心中國奧運年全國書畫作品大賽》中獲一等獎，個人被大賽組委會授予「見證百年夢想二○○八年度書畫人物」榮譽稱號。篆刻作品「百印圖」於

▲ 趙景龍獲獎證書

二〇一〇年《吉林省委舉辦的紀檢監察系統書法大展賽》中被評為優勝獎。

　　收穫源於耕耘，榮譽離不開執著和勤奮。在趙景龍書法篆刻藝術道路上，每一個腳印都是最有說服力的印證。從中國書畫名家協會會員，到中國書畫藝術家創作中心研究員。他近年來創作頗豐，曾多次參與省市及國內、國際書法篆刻大展賽，有二百餘件書法篆刻作品入選並獲獎。榮獲縣級以上獲獎證書二十二個，獎牌獎盃四個，一些作品被國內文化宣傳部門以及書畫名家永久收藏。

▲《2008國際書法美術攝影作品大賽》金獎獎盃

他創作的書法篆刻作品經常在《中國書法報》《吉林公安》《吉林日報》等報紙上發表。在《中國書法家論壇》《中國篆刻網藝術論壇》《中國巴林石論壇》等專業網站都有專屬論壇，常年參與藝術探討。其網上交流的作品影響頗廣，深受書畫界喜愛和廣泛好評。

二〇一一年篆刻作品「愛中篆附邊款」「不薄今人愛古人」兩幅篆刻作品，在《中國篆刻網藝術論壇》舉辦的國際性《紀念中國篆刻網開通五週年篆刻命題大賽》中深受專家評委好評。在激烈競爭中勝出併入選對全球華人發行的《網事越千年》精品集。

▲ 趙景龍獲獎獎牌

鍥而不捨艱辛路——畫家孟慶源

　　孟慶源（1955-　）出生於河北省寧河縣，六歲時隨父母遷至吉林省雙遼市。一九七四年中學畢業後，下鄉到雙遼縣那木斯蒙古族自治鄉集體戶。一九七五年十月，他參加了雙遼縣「五・七」大學文學創作班。一九七九年回城到鄭家屯火車站工作，從那時起，他開始走上了文學藝術創作之路。

▲ 畫家孟慶源

　　孟慶源國畫作品獨具風格，人物畫筆法傳統洗練，線條濃淡清晰，粗放而不失細膩，古樸中富含典雅；山水畫作品構圖精巧，筆墨潑辣，畫風清新，傳統功力深厚，很多作品被民間愛好者作為廳堂掛畫、書房飾圖和收藏品。

　　孟慶源自幼酷愛文學與繪畫創作。初中時代有幸跟隨著名畫家鄧真老師學習繪畫基礎知識，對他日後傾心於美術創作影響很大。中學畢業以後，他在下鄉務農期間，在廣袤的東北農村土地上，一邊從事繁重的農業生產勞動，一邊利用業餘時間學習繪畫知識，並作了大量的農村自然景色寫生和創作，為日後文學創作和美術創作鋪墊了厚實的生活基礎。

　　一九七九年他從農村回到城裡以後，被分配到鄭家屯火車站貨物處當了一名鐵路裝卸工人。繁重的體力勞動，使他對生活的內涵得到了更加深刻的理解，同時，也為他後來美術創作積累了大量的源自真實生活的素樹。從那時起，他開始了最初的文學創作。創作的小戲《路是寬的》，獲得了遼寧省小戲創作一等獎。在此後六年時間裡，他先後在省內外報刊和企業簡報發表文學作品四十餘篇，美術作品三十餘幅，綜合類藝術作品五組。小說《還我一個新娃

▲ 國畫《遼水潤新城》

娃》獲企業文化創作獎。在此期間，遼寧省作協為他創造了許多學習深造機會，先後參加過美術創作杭州班、赤峰研討班、美術創作瀋陽班。在瀋陽美術創作班上，他的繪畫作品得到了中國著名畫家王盛烈老師的點評。

▲ 國畫《十里漓江有奇峰》

▲ 國畫《長白晨曦》

　　一九八四年，他的美術作品在瀋陽鐵路局美展上獲獎，並有文學作品、美術作品在省內外報刊上發表，被破格調入瀋陽鐵路局鄭家屯俱樂部，專門從事美術藝術工作。為了提高自己的藝術水平，一九八五年他自費參加了中國書畫

▲ 國畫《富貴圖》

函授班，開始接觸中國傳統文化。在三年的學習時間裡，得到了中國著名書畫家歐陽中石老師的指點，並師從王警鐘、高盛連、鄧維新等國內知名畫家，開始研習中國畫。

一九九〇年，由於鐵路改制，他離開了自己工作多年的鐵路俱樂部，開始了艱難的創業之路。在經商期間，先後從事廣告創意、環藝設計等。利用十幾年時間經商積累下來的財富，曾經六下江南，三上黃山，兩下桂林，登峨眉，游巴蜀。遊歷期間，每到一地，他都如飢似渴地攝影寫生，積累了大量的美術創作素材。

孟慶源先後擔任過吉視傳媒和關東源酒業幾家企業的文化顧問。二〇一三年，他辭去所有企業聘用，專心從事美術創作，漸入佳境。

逸筆丹心鑄戲魂
——「中國曹禺戲劇創作獎」獲得者頓寶玲

　　頓寶玲（1956-　），女，國家二級編劇、中國戲劇學會會員、中國劇協《小品小劇本園地》特邀編輯、吉林省二人轉學會會員、四平劇協理事、雙遼劇協名譽主席、雙遼二人轉協會副主席、雙遼詩詞學會常務副會長、《遼水歌吟》編委。

　　一九八二年開始專業戲劇創作，迄今已創作各類文藝作品百餘部，為專業及業餘演出團體提供多部演出腳本，作品多次在國家和省市獲獎。事蹟與成果載入《中國專家名人錄》。

　　腳下沒有「風火輪」，她卻能風馳電

▲ 國家二級編劇頓寶玲

掣，馳騁於藝術的原野；兩挾沒有翅膀，她卻能梯雲步月，高翔於戲劇創作的雲天。她面對人生和事業更像一名犟漢，瞄準一個目標便矢志不渝，面對著豐稔的秋實她從不滿足。進取是她的價值觀，追求是她的品格。剛剛步入中年的她，已多次獲得國家級大獎，讓人們不得不對她刮目相看。

　　第一次是一九九三年，頓寶玲以一篇《山城童趣》獲得了「得利斯杯全國小品創作大獎賽」二等獎。這次大賽，新年伊始就有國內十七家媒體進行宣傳，喊出了「重獎酬佳作，設擂納賢才」的口號，報導驚動了海內外，有三十二個省的三千餘名作者參賽。

　　參賽前，頓寶玲的作品《山城童趣》曾在四平地區討論會上得到了當時負責四平地區創作工作的文化部門領導和編劇老師的鼓勵和關注。這給了頓寶玲

▲《山城童趣》獲獎獎杯

極大的信心和勇氣，通過精心修改，她將作品寄給了大賽組委會。兩個月後，中國劇協秘書長於庭平通知她，作品《山城童趣》獲得了本次大獎賽二等獎，邀請她進京參加頒獎儀式。

在北京國際大廈舉行的「得利斯杯全國小品創作大獎賽」頒獎儀式前夕的座談會上，中國劇協黨組書記何孝充問：「吉林的頓寶玲來了嗎？」頓寶玲一聽在叫自己，急忙站了起來。何孝充書記說：「哦，你就是《山城童趣》的作者頓寶玲，你的作品在本次大賽評委會上博得了專家們一致的喜愛，這個作品也是討論最熱烈，討論時間最長的作品。」緊接著，於庭平等專家對頓寶玲的作品給予了充分肯定。

頓寶玲第二次獲得國家創作大獎是在「中國九八曹禺戲劇文學獎‧小品小戲獎‧全國百優小品大賽」上，而她這次拿到的不僅僅是作品獎，還有一項十分寶貴的組織獎。

一九九八年三月，正是春風蕩漾的時光。頓寶玲手裡拿著中國劇協下發的有關參加順德全國小品小戲創作大賽的通知，兩眼盯著組織獎一款，怦然心動了。大賽規定如果一個部門能組織十篇作品參賽，且其中至少有一篇獲獎，就可以獲得組織獎。此時，一股從未有過的激情在她的熱血中湧動，可是要想獲得組織獎談何容易？倔強的頓寶玲就有那麼一股牛勁兒，用她的話說「寧可犧牲得悲壯一點，也不做那種不戰而敗的懦夫。」於是，她沒有張揚，默默地投入了「戰鬥」。她翻箱倒櫃，把幾年間所積累的素材都找了出來，開始了稿紙

上的「爬山運動」。最後，她以頑強的毅力完成了全部創作任務。

天道酬勤，經過堅苦卓絕的奮鬥，頓寶玲的作品《不是勸的事兒》獲得三等獎，雙遼市獲得了本次大賽組織獎。這是大賽僅有的三十二枚獎牌當中的一個，其他得組織獎的都是以省級為單位獲得的，而唯獨雙遼，是以縣級市為單位獲得的。

在廣東順德領獎台上，頓寶玲兩次登台拿到了雙獎，同行們都向她投以羨慕的眼光。中國劇協藝術

▲ 《不是勸的事兒》獲獎獎牌

發展中心主任周光緊緊握著她的手，親切地說：「謝謝你，你取得這麼大的成績，實屬不易，望你寫出更多更好的作品。」

二〇〇二年，頓寶玲又獲得了她創作生涯中的第四個國家大獎，她以一篇獨幕話劇《似曾相識》榮獲了「二〇〇二中國曹禺戲劇獎小品小戲獎三等獎」，至此，她的戲劇創作已走在了全國的前列。

「寶劍鋒從磨礪出，梅花香自苦寒來」。經過千淘萬漉，頓寶玲獲得了成功，她的事蹟載入了《中國專家名人錄》《中國專家辭典》《小品小劇本園地》等刊物中，二〇〇九年，她獲得了「雙遼市首屆優秀人才」光榮稱號。

文學尋夢者——小說作家徐大輝

徐大輝（1956-　），筆名雁尾子、正言，中國作家協會會員。出生於吉林省雙遼市。曾任《關東作家》雜誌副主編，現與中天星光傳媒股份有限公司簽約創作。一九七六年開始發表作品，出版長篇小說四十二部，約一千五百萬字。二〇〇六年加入中國作家協會，文學創作二級。

▲ 小說作家徐大輝

　　一九五六年九月，一個男孩出生在雙山榮軍農場。六年後母親病故，童年不幸成為一種財富——文學之夢的珍貴寶藏，對失去的重拾追尋成為創作最初的萌動，十五歲的徐大輝動手寫第一部長篇小說《途中迷霧》，至此開始漫長四十多年的追夢。十幾年飄然過去到了而立之年，長篇小說完成並未出版，擱置長篇寫短篇、中篇，從七〇年代起，在報紙、雜誌發表小說、散文。在一九八五年經全國招生統考，考入吉林省作家進修學院，脫產攻讀文學創作專業三年，畢業後在科爾沁草原上的大型牧場工會工作，職業幾次變動，但文學長夢仍然未醒。

　　業餘作者幾乎伴隨其一生，始終在體制之外游弋寫作。科爾沁草原一天中醒來最早的是報曉鳥，筆耕不輟的徐大輝是它的夥伴。徐大輝身高一點六五米，稿子摞起來差不多同身高一樣，只一小部分稿件得以發表。曾在《小說月刊》《山丹》《青年文學家》《塞風》《傳奇文學》《小說與故事》《文藝時報》《吉林日報》等發表中篇小說四十多篇，以及短篇小說、散文幾十篇。

九〇年代中期，徐大輝結束業餘創作進入文學體制內，做雜誌社編輯、副主編，直到今天專事創作，文學之夢架起了天梯。在此期間創作大量文學作品，近十年處於井噴態勢，每年有二至三部長篇小說出版。徐大輝為自己制定了文學創作計劃，長篇小說五十部、影視劇五部。以《臥底》為標誌的一系列長篇小說，出版後進入國家圖書館、國內各大新華書店，且十幾年連續銷售不敗。長篇小說《臥底》出版社三次改版重出，並被長城影視公司改編成三十二集電視連續劇《咫尺天涯》在全國播放；長篇小說《潛逃》被改成廣播劇播出；長篇小說《雪狼》出版社再版達七次之多。全國有影響的報紙《大河報》《華商報》《南京日報》等報紙連載徐大輝多部長篇小說，新浪網書部小說點擊率超千萬，至今有近三十部書在鳳凰網、移動手機閱讀網、一米網等網站電子版閱讀。

　　關東風土人情系列長篇小說是徐大輝畢生致力寫作的，關東九行八作挖

▲ 長篇小說《生命謊言》

▲ 長篇小說《雪狼》

參、放排、淘金、採珠、獵貂、打魚、土匪、妓女、神漢……各色人物已經在他小說裡出現，目前還在繼續寫作中。徐大輝效仿美國作家福克納的創作手法——故事都發生在約克納帕塔法縣，稱為「約克納帕塔法世系」，其主要脈絡是這個縣傑佛遜鎮及其郊區的屬於不同社會階層的若干個家族的幾代人的故事，時間從一八〇〇年起直到第二次世界大戰以後。世系中共六百多個有名有姓的人物在各個長篇、短篇小說中穿插交替出現——寫出自己虛構的東北三江縣，自繪一張三江地圖和編了一首三江歷史演變歌謠，幾十部長篇小說故事都發生在三江縣，人物相互連繫，很像巴扎克的民間喜劇，至少展示出「民國時期」到中華人民共和國成立後東北地區的風土人情。

徐大輝創作了一部四十三集電視連續劇《田教授家的二十八個親戚》，已經拍攝並播出。還寫了《滿洲往事》《為男人平反》《骰子棺》《軍醫莊仕華》等影視劇本。

徐大輝始終活在文學夢想中，生活低調很少張揚，基本處在默默無聞的狀態。他對自己創作要求很高，制定了長篇小說兩個大系列的寫作目標，即都市情感、偵破系列長篇小說，已經出版《臥底》《潛逃》《對手》《生命謊言》《黑心》《掩蓋真相》《女人密碼》《罪之蝶》《惡之花》《雨中紅杏》《極限慾望》《走火》《生死對接》《禍水》《黑道臥底》《槍口》《控制》《賭門》等；關東風土人情系列長篇小說《雪狼》《狼煙》《玩命》《出賣》《末日大煙槍》《花子房》《暗道》《關東女匪》《鬼哭嶺》《賭王傳奇》《匪王傳奇》等，截止二〇一四末年，全國十六家出版社共計出版長篇小說（專著）四十二部，約一千五百萬字。

未曾點染已奔騰——著名畫家于雁賓

　　于雁賓（1956 年-　），雙遼人。吉林省作家協會會員、吉林省美術家協會會員、吉林省文藝閱評小組專家、國家一級美術師、中國書畫藝術家協會會員、吉林省政協書畫院院士。

　　于雁賓先後有中短篇小說《月有圓缺》《雪夜遊魂》《及時雨》，中篇小說《鐵血信王碑》《秦淮名妓董小宛》《血染黃金圖》《貞節牌坊外的女人們》和報告文學《星座之魂》《根繫這片熱土》等作品問世。多年來，于雁賓傾心文藝評論，他為吉林電視劇撰寫了大量文藝評論，幾乎新時期吉林省出品的電視劇，都是他在撰寫文藝評論，為「吉林電視劇現象」做出了重要貢獻。多年裡，于雁賓發表的包括影視劇、小說、詩歌等文藝評論已達二百多篇。他的電影文學劇本《命奪黃金圖》被長春電影製片廠攝製成故事片在全國公映。詞《水調歌頭・李白劍》獲首屆蘭陵美酒杯全國詩詞大獎賽三等獎。詩詞集《倚心齋詩詞選》由華僑出版社出版，中篇小說集《金脈》由時代文藝出版社出

▲ 著名畫家于雁賓

▲ 國畫《搜山圖》

版。

　　從少年時代起，于雁賓就致力於中國人物畫的創作，並獲得過全市美術創作一等獎。近些年來，他創作的關羽、岳飛、鍾馗等英雄形象耀人眼目。長卷《中國百將圖》《水滸英雄畫卷》令人震撼，許多報刊、網站發表和轉載了他

▲ 國畫《大風歌》

的眾多作品。此外，于雁賓始終在進行著駿馬的創作。他的駿馬系列《鐵骨雄風壯馬年》，長卷《盛世神駒》代表了他多年來駿馬創作的高峰。他的駿馬作品，使人強烈地感受到畫家的筆墨功夫、造型功力及美學追求，曾在二〇一二年「盛世中華」第二屆中國風全國書畫藝術交流賽獲優秀獎；二〇一三年「第三屆中國風全國書畫藝術交流賽」獲三等獎；作品《百馬圖》參賽「二〇一一年第二屆中國最具網絡人氣美術家評選」位居第十四名；《慶祝中國共產黨建黨九十週年——于雁賓百馬圖作品展》《喜迎十八大——虎躍龍騰駿馬圖》在各大網站發表。他還接受中國國際文化產業網記者兩次創作採訪，近三十家網站連續轉載。

　　于雁賓的駿馬創作，師承徐悲鴻、郭廣業等大家筆墨精髓，又以造化為師，提純世界各地駿馬形態，使筆下駿馬英俊瀟脫、雄壯剛烈、肌肉準確、形態百出。在繪畫訓練、筆墨技巧等方面的多年修養，在文學創作、藝術評論等領域的深刻探索，已經鑄成了于雁賓成熟的駿馬畫風。筆力雄健：一筆畫去，不拖不滯，不描不改，不亂不疑。造型準確：馬頭的角度變換、馬身的方向選擇、四蹄的和諧奔越、馬頸的粗細視角，于雁賓都有細緻的分寸把握，獨到的合理刻畫。特別是奔跑時四蹄的準確描繪，有翻蹄、踏蹄、甩蹄、勾蹄等，都有在細微之處的精湛表現。觀賞于雁賓的駿馬國畫，人們發現，既有平時看到的駿馬神態，也有根本沒有見過的駿馬姿勢。但觀賞者都認為，這就是駿馬的確實姿態神情，既真又美。眾多美術評論家贊其駿馬「用筆大膽準確，外師造化，中得新源」「他的駿馬是寫出來的，符合中國書畫的創作規律」「造型準確、布局巧妙、筆力雄健，加之于雁賓綜合藝術思想的凝聚，已經使駿馬形象自然而然地上升到美學高度」。《吉林畫報》《吉林日報》《藝術大觀》等報刊多次以多版篇幅介紹其創做事蹟和創作文本。

高歌吟詠賦新詩——時代詩人李平來

李平來（1957-　），筆名遼砂、驚喚、江流、月朗，吉林省雙遼市人。中華詩詞學會會員、中國作家學會吉林分會會員、長白山詩社社員、長白山詩詞學會理事、四平詩詞學會理事、雙遼市作家協會常務理事、雙遼市詩詞學會常務理事、《遼水歌吟》編委。

李平來著有個人專集四部《遼砂詩詞集》《遼砂詩詞集續集》《江流詩文集》《江流詩詞集》。有六百餘件詩詞、楹聯、詩歌、論文、講演詞、新聞報導散見於國家級、省市報刊。有九首詩詞在北京《星光燦爛》獲獎。有詩詞、詩歌、論文、新聞報導獲中國文藝學會「金爵獎」文學最佳獎。詩詞「喜迎澳門回歸」獲第三屆「新世界盃」世界漢詩大獎賽一等獎，並授予「中華詩星」的

▲ 李平來（右）與中華詩詞學會副會長星漢（左）

榮譽稱號。詩詞《水調歌頭·記新開河抗洪搶險》《南鄉子·喜迎澳門回歸》《詠西遼河》等五首獲四川省達州市詩詞大賽二等獎。詩詞《臨江仙·憶結髮妻》獲全國文藝作品大賽聯合文藝獎二等獎。詩詞《憶江南·喜迎香港回歸》獲四平市委宣傳部、四平市文化局、吉林省《蓼花》編輯部香港回歸詩歌大賽三等獎。

　　看過李平來的幾本詩集，循著他的心路前行，時而領略柳浪聞鶯，時而觀賞雁陣驚寒；時而體味曉風殘月，時而感悟大江東去；他一顆心有如插上扶搖翅膀，自由地穿梭於人世間、紅塵外，久而望返，樂此不疲。

　　李平來出身戎馬，情繫軍營，心田內瘋長著綠色情愫；他命運多舛，中年喪妻，心海中怒放著血色的淚花；他志趣高雅，獨愛乒乓，心房裡歡跳著銀色的詩興。

▲《江流詩文集》　　　　▲　　《江流詩詞集》

在雙遼詩詞界，李平來早有一席之地。他在雙遼市寫格律詩較早，是詩詞創作數量較多的幾個人之一，詩作多達八百五十首，其中，有四本詩詞集和文集問世；他是雙遼市格律詩創作獲獎級別較高、獲獎作品較多的人，有二十首詩詞在國家級大賽中獲獎。三十多年創作實踐，為他打開了詩詞殿堂，使他的生命增添了活力。

李平來是當地最早加入中華詩詞學會的會員之一，他對平仄，押韻，對仗，相黏，孤平與拗句等技法的運用，幾近探囊取物，信手拈來，不失為古韻、今聲「雙軌制」的成功實踐者。李平來詩作絕大部分讀來新穎活潑，自然流暢，通俗易懂，思想鮮活，雅俗兼備。

酷愛與真情是李平來詩詞寫作的源頭和巨大動力，也是他詩有所成的關鍵因素。詩已成為他每天努力的方向，終生的精神伴侶。真情飽滿地跟隨快意流淌，留下遍地濃郁的芬芳。

▲ 李平來獲獎證書

方寸盡染故鄉情——攝影家郭海雲

郭海雲（1957-　），出生於伊通縣。別名，郭海筠。筆名，雲海竹子。吉林省攝影家協會會員、吉林省民俗攝影家協會會員、瀋陽鐵路局攝影家協會理事、四平市攝影家協會會員、雙遼市攝影家協會秘書長。

一九八九年，郭海雲初涉光影藝苑，並在《城市晚報》發表處女作。之後的二十幾年裡，先後在《人民日

▲ 攝影家郭海雲

報》《光明日報》《法制日報》《中國農民報》《人民鐵道報》《吉林日報》《四平日報》等國家、省（部）、市級報紙雜誌，發表藝術、新聞攝影作品一千六百餘幅，多次在省市攝影藝術展中獲獎，眾多作品入選省市級各類畫冊並多次擔當首席攝影師。

郭海雲是一位名副其實的鄉土攝影家。他沒有登臨過泰山，追蹤那震撼人心的日出與日落；他也沒有涉足過黃山，拍攝那千變萬化的雲霧與迎客松；他也沒有去過九寨溝，親身體驗那七彩如虹的神話般的山水；他也沒有走出過國門，邂逅那些異國他鄉的情調。郭海雲用他的第三隻眼睛，全神貫注的目標只有一個，那就是他的家鄉——雙遼市的山山水水，鄉土人情，滄海桑田，千古巨變。特別是改革開放的三十年中，郭海雲用他手中的照相機，拍攝了近萬張圖片，就彷彿記錄一個初生嬰兒的成長點滴一樣，把家鄉每時每刻每月每年發生的任何一點微小的進步，都忠實地記錄在了歷史的記憶中。比如雙遼發電廠，從建廠之日起，直至到今天的二期工程的勝利竣工，郭海雲拍攝了近百幅的圖片，成就了《水與火的對話》專題系列；比如雙遼市西遼河城區段的防洪

治理工程，郭海雲也是用近百幅的圖片組成《五彩斑斕的夢》，記錄抗旱治澇的艱難歷程。作為一名鄉土攝影家，郭海雲把他手中的照相機化作了心靈之筆，在激情澎湃的衝浪中，淚水曾伴著情思飛濺紅箋為無色；在一次次難以數計的快門扣動中，喜悅曾插上翅膀如晴天一鶴排雲直上到碧霄。在工廠的車間裡，郭海雲面對著享譽全國乃至已經走出國門的雙遼玻璃產品，按在快門上的手指曾經發生過無數次的顫抖，那是為家鄉的「工業立市」的成就而激動；在農家的庭院中，郭海雲面對著那滿地的火紅的辣椒，把《火紅日子》裝進了描繪農民種植致富過上小康生活的鏡頭中。在春天草色遙看近卻無的田野裡，在秋天十月金風吹拂的稻浪中，傾聽著拖拉機收割機那悅耳的轟鳴，作為農民的兒子，郭海雲把一次次的情感衝動化作了一幅幅美麗的攝影作品，發表在報刊

▲ 攝影作品《晨之幽》

上，裝裱在畫冊中，更記錄在雙遼市改革開放三十年家鄉巨變的歷史畫卷中。無論春夏秋冬，無論風霜雨雪，伴隨著花開花落燕去歸來，郭海雲在家鄉的土地上，用心靈深處的愛，描繪著家鄉的每一處角落的美景；追隨著日出日落、四季輪迴，從工廠到農村，從機關到學校，下田地，跨河流，迎旭日，送夕陽，郭海雲留下了一串串用辛勤汗水浸透的鄉土攝影家忠誠的足跡。

　　郭海雲在痴迷攝影藝術的同時，還對書法、寫作等均有較深的涉獵。早在一九九〇年，便獲得全國年輕人硬筆書法大賽優秀獎；長篇武俠小說《地老天荒寂寞刀》入選「新浪首屆網絡小說原創大賽」並獲公開發表；歌詞《嫦娥奔月》《大禹治水》獲「中國第三屆群眾創作歌曲大賽」銀獎，併入選《神州歌海》作品集。

▲ 攝影作品《天地之間》

▲ 攝影作品《水鄉晨曦》

▲ 攝影作品《水與火的對話》

▲ 攝影作品《火紅的日子》

▲ 攝影作品《起飛》

丹青妙筆慰平生 —— 書畫名家李政仁

李政仁（1958-　），自幼愛好繪畫，上中學時初涉素描，恢復高考後考入梨樹師範美術專科。先後擔任雙遼市書法家協會副主席、雙遼市美術家協會主席。

李政仁在三十餘年的工作中，除認真幹好本職工作外，把業餘時間都投入到書畫愛好中，與當地書畫同仁交流溝通，努力提高技藝。在《吉林法制報》《雙遼報》等刊物上發表了大量的書法、繪畫作品，所畫的一些題圖、插圖經常被報刊採用。其中，硬筆書法在省級賽事

▲ 書畫名家李政仁

上獲過金獎。繪畫作品在省紀委、四平市紀委系統比賽中獲過一等獎。一九八三年，他利用生動典型的案例以藝術的手法表現出來，並在四平區域內進行巡展，產生了良好的社會反響。

在書法方面，硬筆、軟筆同時訓練，採用臨習古人碑帖的方法，以古人為師，並參考現代名人書法，注重行草書研習，如王羲之《蘭亭集序》《聖教序》手札等。米芾、文徵明、吳昌碩等行書碑帖也潛心研習，現已初有成就。書法作品堅持做到有源頭之字、有來頭之字，不主觀造字。創新不離古人，創新不離章法。在參加省級書法比賽活動中，硬筆書法《赤壁賦》獲得金獎。軟筆書法多次在市、縣級比賽中獲獎。其作品的主要特點是力爭在每個字中做到我中有你、你中有我，融通臆想，以此達到古為今用。同時，為了實現書法有文卷氣，注重書法外的修養。大量閱讀古典詩詞、散文，古今中外文學名著等，以

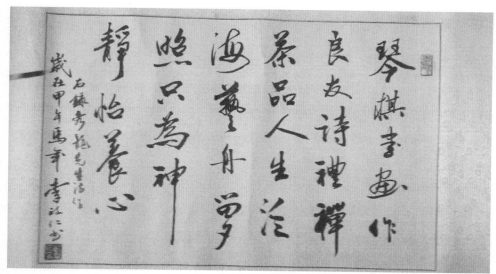

▲ 李政仁書法作品

此提高自身的文化素養和品位，使每件書法作品都具有文化內涵。

在繪畫方面，他堅持以素描為基本造型能力訓練，以中國畫為主業，在傳統中國畫文房四寶中尋求筆墨功夫。從《芥子園畫譜》、八大山人、元明清山水、花鳥、人物畫中汲取養分。參考現代名家畫作，提高自身繪畫能力和水平。其中山水畫、人物畫、花鳥畫、動物畫多有涉獵。作品特點主要是以寫實手法，加上原有素描造型能力，做到造型準確，人物、動物、飛禽具有骨感、透視感，表現手法恰到好處。

▲ 國畫《高瞻遠矚》

胸藏丘壑壯筆魂——畫家李加勝

　　李加勝（1958-　），生於雙遼。自幼學畫至今已四十餘載，從素描基礎學起，一九七九年拜王警鐘為師學習中國山水畫，兼學習工藝設計，同時還辦起了雙遼勝畫室美術輔導中心。現為吉林省美學學會藝術學科理事、雙遼市美術家協會常務副主席。

　　李加勝從小就有一個七彩的夢——夢想著有一天他能親手繪出家鄉的美麗景色，並讓世人都能看到。一九七九年，他帶著希望與夢想來到四平師範學院，向王警鐘教授學習繪畫。憑著對繪畫的熱愛與勤奮，他進步很快，開始走進童年七彩的夢裡，每天拿著畫筆在他鍾情的繪畫世界裡盡情揮灑自己的熱情，家鄉的山水、溪流、草地、鄉親、牛羊……一切自然美好的圖景都在他的筆下活靈活現。

　　隨後，李加勝開始從事工藝美術設計工作，為了提高業務水平，他在業餘時間裡查閱了大量資料，邊工作邊學習理論，經常為了一個設計忙到深夜。就

▲ 畫家李加勝

這樣，一個個精美、令人讚賞的作品不斷誕生。但在藝術道路上不斷追求的李加勝，永遠沒有停止探索的腳步，為了精益求精，他不斷參加各種學習培訓班來充實和提高自己。功夫不負有心人，他用執著的追求、真摯的愛創作了大量描繪家鄉、歌頌時代的優秀作品。他的作品多次在各種比賽中獲獎，並頻頻發表於各種報刊上。一九八〇年至一九八三年三次參加全國旅遊工藝品展覽會，其「工藝美術鏡」獲優秀參展獎；一九八四年裝飾畫《蘇州園林》在新中國成

▲ 國畫《山河壯麗長城永恒》

▲ 國畫《山村秋色》

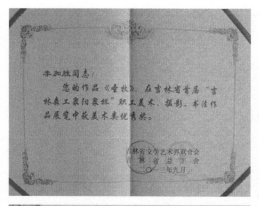

▲ 李加勝獲獎證書

立三十五週年展覽中獲二等獎；一九八六年在四平市首屆美術教師美術習作展覽中獲優秀獎；一九八九年在四平經委、雙遼市委組織部、雙遼市文聯舉辦的「國慶杯」設計大賽中，作品獲創作獎；一九九五年在雙遼市文聯、組織部舉辦的向孔繁森同志學習美術、書法作品展中榮獲三等獎；一九九七年在市委宣傳部舉辦的向孔繁森學習書畫作品展中，剪紙作品獲「五個一」精品工程獎；一九九八年開始創作、製作雙遼公園孔雀雕塑，繪製蒙古族風情園壁畫和外裝飾；一九九八年國畫《春、夏、秋、冬》在四平群眾藝術館、雙遼文聯、文化館舉辦的建黨四十九週年書畫展覽中獲二等獎；二〇〇三年榮獲「青春中國」杯全國青少年書畫大賽辛勤園丁獎；二〇〇四年在「三節」活動繪畫作品展覽中獲一等獎；二〇〇七年在「三節」活動書畫作品中獲一等獎；二〇〇八年在省人事廳退休幹部第二屆書法繪畫展覽中獲優秀獎；二〇一〇年為福利中心繪製大幅國畫；二〇一一年為政協、人大辦公室、會議室繪製國畫；二〇一二年九月，在四平總工會舉辦的職工書法、繪畫、攝影展覽中獲三等獎；二〇一三年一月在市書畫展覽中獲特等獎；二〇一三年九月在省文聯、省總工會舉辦的「森工泉陽泉」杯職工美術、攝影、書法作品展覽中獲美術優秀獎，被收入畫集；二〇一四年國畫《萬里長城》被雙遼市委收藏。

隨著李加勝的名氣越來越大，許多家長都慕名來找他，讓他指導孩子學習

繪畫。對此，李加勝欣然接受，「我從小就喜愛畫畫，那時候就非常希望有位老師能指點我，教師的職業充滿陽光、希望和歡樂。只要真誠付出，就能感受到陽光，收穫希望與快樂。」李加勝認為，教育是一門科學，需要認真的態度、求實的精神和不倦的探索。教育更是一門藝術，需要用愛來構思、用情來調色、用心來雕塑。在教學過程中，他根據不同年齡段孩子的特點進行教學，隨著孩子們繪畫能力和水平的進一步提高，他便開始按照繪畫基本功、創作作品的能力和程度再進行分類輔導。這樣，每個層次的學生都有收益，而且進步特別快。

　　李加勝是個沉默寡言的人，他從不彰顯自己所獲的榮譽，因李加勝在美術方面造詣深厚，二〇一三年，他被雙遼市文聯推薦並當選為雙遼市政協第十二屆政協委員。當選後他深感自己的責任重大，作為政協委員，不僅是一種榮譽，更多的是一份責任，要表達群眾心聲，為群眾服務，只有切實履行好職責才對得起群眾和組織的信任。幾年來他付出很多的時間和精力，深入民間考察調研，認真撰寫提案。不僅在自己的專業領域多諫言，他還涉獵其他領域的提案，他所撰寫的《農村小學美術教育的建議》和《城市環衛工作現狀與建議》受到當地政府的高度重視並立案辦理。二〇一四年九月，李加勝被四平市政協書畫苑聘為創作員。

　　他還經常幫助那些生活困難、喜愛繪畫的學生，做其父母的工作，並給他們買繪畫用品，使他們能繼續學畫。每年都有一些上高三的學生感到自己升學無望，找到他要現學美術，報考美術院校。這樣的學生學畫時間只有半年左右，他們根本沒有畫過畫，難度相當大。他除了利用上課時間輔導這些學生外，還犧牲休息時間給他們補課，使他們進步很快。每年都有這樣的學生在他的輔導下，當年就考入本科院校。十餘年來，經李加勝輔導的學生分別被東北師範大學、魯迅美術學院、吉林師範大學、內蒙古師範大學、延邊大學、海南師範大學、瀋陽廣告學院、吉林藝術學院等院校錄取。

楊柳河畔敘春秋——中國作家協會會員張赤

張赤（1961-　），筆名舒揚，吉林雙遼人，中國作家協會會員、吉林省作家協會駐會作家、吉林省作家企業家聯合會特聘作家。

如果梳理一下張赤的個人成長史和文學成長史，我們不難看出，張赤一直都是在孜孜不倦地演繹著一個地域文化的原汁原漿。

一九六一年張赤出生在雙遼縣一個教師家庭。一九八〇年考

▲ 中國作家協會會員張赤

入東北師範大學中文系，在大學期間主編系文學期刊《春芽》，並開始發表作品。小說《幾年前和幾天前》一九八三年獲日本《朝日新聞》第四次作文大賽優秀作品獎。一九八四年畢業到雙遼縣實驗中學任教。在學校主辦文學期刊《新芽》，又組織了一個文學社，參加縣裡的各種文學活動。與當時著名詩人阿紅、劉鎮等交流，當年就在《當代詩歌》上發表作品。後來，又在《四平日報》《松遼文學》《東北文學》《關東作家》等報刊上發表詩歌《夜行》《小村之夜》《雨夜在大學生抗洪工棚》以及報告文學《洪水中聳立著一群綠色的雕像》。一九八七年張赤被調到四平市裡的編輯部任編輯。爾後擔任《研究與探索》《四平組織工作》《四平黨建》副主編多年，擔任多屆四平市作家協會副秘書長、副主席。組織部工作期間筆耕不輟，出版和發表紀實文學《血祭血城》，小說集《老屋》，長篇電視連續劇《老河套》《老渡口》。紀錄片《北緯

43 度──中國玉米帶》成為四平被譽為「中國優質玉米之都」的主要文獻。散文集《紅色旋律》等。其長篇小說《遠程辦主任》獲吉林文學獎。還有許多散文、小說散見於全國各類報刊，部分作品在《第三產業報》連載。小說、報告文學多次獲東北文學獎項；二○一二年獲省委組織部徵文一等獎。一九九六年加入吉林省作家協會，二○一三年加入中國作家協會。

從這一份簡歷中，耀眼的不是獲獎次數，也不是成為四平地區屈指可數的國字號會員，而是一份水土情懷。「洪水」既是東、西遼河的水，「老屋」就是搭建在岸邊的家，「渡口」則是人生旅途的驛站，「河套」還原的是「楊柳青青」的水土本色。「北緯四十三度」既是地球的刻度，更是家園水系的心靈線索。即便是描寫一個基層組工幹部成長的長篇小說《遠程辦主任》，也是把目光掠過楊柳，超拔河岸，把人事的遠程和人生的遠程踏青於山水家園，芳草古道。難怪專家評語嘉言鑿鑿：一個組工幹部在紛繁的社會變革背景下，按照

▲ 電視劇本《老河套》

▲ 小說集《老屋》

自己的理想闖出一條陽光路，但現實的風車捲走了他的長矛，不得不按住理想的翅膀，關注於上下左右排行第幾的坐標，最終出飛離巢，回歸到親切不過的土地，但家園已老，草木不再繁茂，就連狗吠聲也那麼遙遠。

　　張赤的文章是舒展而從容的，既沒有「力拔山兮」的豪邁，也無「腐儒瘦馬」的酸楚，更無「路漫漫修遠」的離怨，而更多的是淡然流淌，一如東、西遼河，沒有煙波，沒有浪湧，有的只是四季長河的春去秋來，並在這春去秋來中質樸地完成著水土願望，進而實現一種從容的水土品格，並更高境界地進入到了一種從容人生。

▲　長篇小說《遠程辦主任》

▲　電視劇本《老渡口》

錦心繡口吟天下
——「舊體新詩」的領航人孫長春

　　孫長春（1963-　），吉林雙遼人，祖籍山東濟南。雙遼市詩詞學會會長，《遼水歌吟》會刊創辦者、主編，中國作家協會會員、吉林省作家協會會員、中華詩詞學會會員、中國詩歌學會會員。著有詩集《平仄人生》。

　　其詩、聯、文等作品散見於《詩刊》《中華詩詞》《詩潮》《揚子江詩刊》《中華辭賦》《咬文嚼字》等省級以上報刊，併入選《中華詩詞文庫》《中華當代律詩選粹》《中華自詠詩詞精選》《中華當代邊塞詩詞精選》《中華當代詩詞名家名句選集》《世界華文名詩名句精選》《四平作家精品選》《彩虹文摘》等多種選本和文摘刊物；同時榮獲全國「領袖之星」中華詩書畫大展賽（組詩）一等獎，《蓼花》雜誌全國迎九七香港回歸詩歌創作（新詩、舊詩）雙料一等獎，吉林省萬副春聯大賽（蟬聯）一等獎，中國散文學會「華夏情」中國詩文

▲「舊體新詩」的領航人孫長春

書畫大賽（散文）一等獎等諸多獎項。其創作並參與指導、朗誦的配樂長詩《遼河隨想曲》，榮登二〇一一年「雙遼春晚」舞台。

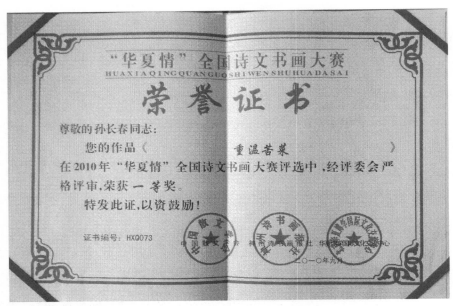

▲ 孫長春獲獎證書

「生命乃如詩，足音自平仄。平仄是起伏，平仄是和諧，平仄是日月經天，江河行地。」

這就是孫長春的詩觀，這就是孫長春詩意棲居的寫照。

作為農民出身的詩人，他在城裡工作的時間，早已長於他在鄉下生活的時間，但他的鄉土情結卻始終刻骨銘心，無法磨滅：

生命一出發，十年未返家。

虧得故鄉月，伴我走天涯。

即便是在「入會中國作協」之際，他也依然感念自己的故鄉：

少年辛苦壯年痴，鐮下風行筆下馳。

雨驟情歸虹起處，月彎神往麥收時。

安身一畝三分地，立命三生一卷詩。

且步炊煙題碧落，盡得雲水欲何之？

在他看來，務農就是用農具寫詩，寫詩就是用詩筆務農。

作為「古體新詩」的先驅，他在詩詞的創作上，歷來主張「知古倡今」「舊瓶裝新酒」——用韻上，恪守舊體，力行新聲（即普通話韻），順應今人對詩詞建築美、音樂美的感知；修辭上，多以通感的手法為詩，使作品兼具新詩的空靈、雋永和蘊藉，以真正實現詩詞在意境上創新，與時代和人民同頻共振。正如他在《習詩感言》中所說，「與民押上韻，方可叫詩人。」所謂通感，又叫「移覺」，即在描述客觀事物時，用形象化的語言使感覺轉移，將人的聽覺、視覺、嗅覺、味覺、觸覺等不同感覺互相溝通、交錯，彼此挪移轉換，將本來表示甲感覺的詞語移用來表示乙感覺，使意象更為活潑、新奇的一種修辭格。

經長期實踐，他對通感的手法，可謂運用之妙，存乎一心，羚羊掛角，無跡可尋。如此，他的「舊體新詩」，便更富新意、美感和張力。

「日上霞天我上街，踏歌終點是佳節。詩詞市場何其大，應有天然好律絕。山色少，水聲缺，料他風月價無跌。包銷鳥語雙盈握，買斷陽光一小疊。」

這是他的《鷓鴣天．趕早市》。其中的點睛之筆——「山色少，水聲缺，料他風月價無跌。包銷鳥語雙盈握，買斷陽光一小疊。」便是通感的產物。

「時間深處我吟詩」。在近年的創作中，他越發地堅信「胸中藏宇宙，筆下起風雷」，越發地堅信「筆走催人老，詩成替我活」。唯其如此，他尤重從大處著眼，從小處著筆，使作品更趨返璞歸真，行云流水，直指人心，無以複製。

「錦心繡口吟天下，鐵畫銀鉤寫未來」。如今，孫長春正和他的詩詞團隊一道，承前啟後，繼往開來，為繁榮詩詞創作、打造詩詞名刊、創建「詩詞之鄉」，而不懈地追求，不懈地奮鬥。

一心描繪清純美 —— 作家李岱蔚

李岱蔚（1963- ），筆名司徒秀
彗，吉林雙遼人，長期從事應用文寫
作。中國詩歌學會會員、中華詩詞學
會會員、吉林省作家協會會員。

早年熱衷於詩詞、詩歌、散文、
小小說創作。作品散見於《東坡赤壁
詩詞》《長白山詩詞》《老年日報》《香
港行業文化參考報》《二〇一三年中
國當代詩人詩歌精品專輯》，菲律賓
《世界日報》，日本《燁坤瀛思》等

▲ 作家李岱蔚

數十家報刊詩刊雜誌，傳略入選《中國詩人大辭典》。已由中國財富出版社出
版長篇小說《元宵夜的謀殺》；由香江出版社出版詩詞集《如夢詩音》；出版
短篇小說集《最好的禮物》。

二〇〇二年開始中長篇小說創作，曾在《北京文學》《警壇風雲》《小說界》
《故事家》《中國文學》(香港版)《微型小說選刊》《微型小說月報》《幽默諷刺
精短小說》《南方日報》《銀川日報》等報紙雜誌發表作品。已簽約發表懸疑、
驚悚、玄幻電子版長篇小說三部。小小說《真假開業》入圍二〇一一年中國微
型小說排行榜，二〇一二年中國微型小說年選。《蹊蹺的偷車人》入選二〇一
二年中國微型小說精選，二〇一二年中國微型小說排行榜。

二〇〇〇年，在第三屆「紅蜻蜓杯」全國文學大賽中，小說《信神的阿
玉》被評為三等獎；二〇一一年，《真假開業》獲首屆中國微型小說排行榜入
圍獎（全國十名上榜，十名入圍）；二〇一二年，小小說《誤診的祕密》獲遼
水杯全國文學大賽一等獎，《特別照片》入圍黔台杯・第二屆世界華文微型小

說大獎賽專輯。小小說《回家過年》在二〇一二年二期《北京文學》發表後，先後被《知音》《百家故事》《青年文摘》《愛情婚姻家庭》等十餘家大型文學雜誌和經典文集選載，入選二〇一四年河南省中考語文模擬試卷；二〇一三年，《恐怖的愚人節》獲「清風揚州」廉政文化全國微型小說大賽三等獎，《免費生日餐》獲第十八屆全國草原夏令營徵文選拔賽三等獎。

李岱蔚小說立意新穎獨特，用淺顯易懂的文字表達深刻內涵。文章布局合理，語句長短適中，結構均衡，好理解，易體會，讀起來朗朗上口。像讀詩一樣，有一種鏗鏘有力的音樂美。在表現手法上，把相聲中的「三翻四抖」甩包袱的技藝，巧妙地運用在小說創作裡，使故事既在情理之中，又在意料之外，從而使內容更加精彩，人物更加生動傳神。

《回家過年》這篇小說，以一個想讓兒子回家過年的爹，扮成一個陌生人，騙走兒子的電瓶車，迫使兒子回家陪他過年，寫出了爹對兒子的疼愛，也寫出了老人的孤獨，呼籲社會要多陪伴老人。

▲ 詩詞集《如夢詩音》

▲ 長篇小說《元宵夜的謀殺》

《元宵夜的謀殺》，是一部集推理、反腐、愛情於一身的長篇小說。故事以遼寧省某市命案為背景，演繹出一部全方位、多視角、反映社會各階層人物的小說。書中融會了古代公案小說、現代偵破小說、當代懸疑小說等多種寫作手法。採用正面人物單線描寫，待故事發展到一定程度時，再將正反面人物同時描述這一最新寫作手法，使故事緊張生動，驚險刺激，妙趣橫生。正反人物刻畫得惟妙惟肖，栩栩如生。作品集思想性、藝術性、趣味性於一體，是一部精品力作。

短篇小說集《最好的禮物》，榮獲香江出版社二〇一四年度優秀圖書獎。書中選取了短篇小說和小小說七十餘篇，書中所塑造的形象，多是社會上的各類小人物，在正面人物塑造上，作者努力讓他們一個個形象鮮明，活靈活現，深受廣大讀者喜愛。書中小說的結構，採用靈活多樣的方式，別具一格，避免雷同，富於變化。在吸取前人經驗的同時，力求有所繼承，有所創新，有所發展。通過學心、學神、學思想、學精髓，以實現作品創作水平的提高。

目前，李岱蔚已累計創作文學作品一百餘萬字。

▲ 短篇小說集《最好的禮物》

嬉笑怒罵見奇巧——漫畫作家祁雪鋒

　　祁雪鋒（1971-　），吉林省新聞漫畫藝委會副秘書長。一九九五年開始業餘漫畫創作，曾得益於省著名漫畫家趙雪峰老師的悉心指導。漫畫作品畫風細膩、質樸，造型平實中見小巧，以諷刺漫畫見長。現已發表漫畫作品三千餘幅，作品散見於《中國漫畫》《漫畫月刊》《新華文摘》《幽默與笑話》《南方週末》《中國青年報》等全國各大知名報刊和網站，作品多次被《雜文選刊》用作封面，並為其製作插圖。代表作有《梁山大擴招》《變味的同學會》，系列作品有《弱智的貓》和《一句話的事兒》等。

　　祁雪鋒繪畫是從臨摹小人書開始的，小時候的零花錢都用在了買書上。那

▲ 漫畫作家祁雪鋒

▲ 漫畫《抗洪新曲之四同譜抗洪壯歌》

時候看小人書，照著小人書畫畫是他最大的樂趣。家裡的牆上、教室的課桌上、他的書包和課本上都是他的「墨跡」，下課畫、上課也畫，老師因此事經常找家長。上小學時，他很多時候是放學後被老師留在學校寫昨天的作業。後來，他在報紙上看到了方成的漫畫《武大郎開店》，才知道世界上還有這麼有意思的畫，被漫畫深深地吸引了，也逐漸知道了張樂平、華君武、徐鵬飛和普勞恩等這些頂級漫畫大師，憧憬著有一天自己的畫也能在報紙上發表。於是，他筆耕不輟，終於在一九九五年一月三十日，他的第一幅漫畫作品《吹牛得牛》在《四平日報》「漫壇」發表了。

他善於從平淡的小事中挖掘素材，尋找創作靈感。由於工作關係，經常下鄉，接觸各行各業的人，使他能更近距離感受到基層群眾的喜怒哀樂，所以創作出的作品更接地氣，也更受編輯和讀者的厚愛，作品經常在各類晚報和雜文類報刊上發表。

▲ 漫畫《陪讀族》

二〇〇八年汶川大地震時，他時刻關注電視和網絡媒體上的消息，牽掛著災區。在此期間，他創作了大量諸如《萬眾一心》《孩子別哭》和《全家總動員》等關於抗震救災的漫畫作品，為災區人民祈福鼓勁。

漫畫的藝術創作是無止境的，隨著閱歷的豐富，思想境界的提

▲ 漫畫《重修》

高，他的漫畫作品的品位也在不斷提升。不滿足現狀的他，在創作的不同階段也開始不同的嘗試。二〇一〇年以前，他的作品基本上是以諷刺漫畫為主。二〇一〇年以後，開始嘗試四格漫畫和哲理漫畫創作，系列漫畫《弱智的貓》和

▲ 漫畫《暑假轉轉轉》

《一句話的事兒》就是這一時期的作品。輕鬆搞笑的城市喜劇《弱智的貓》四格漫畫一經推出，就很受讀者喜愛。作品通過阿智、阿玲、大寶一家三口以及大彪等一系列人物令人發笑、引人深思的糗事、囧事，把讀者領進一個開心世界。目前，《弱智的貓》系列漫畫已推出六百餘則；《一句話的事兒》屬於哲理漫畫，用名言警句、格言或作者的感悟，配以輕鬆幽默的畫面，啟人心智，勸人向善。目前已推出二百餘則。現在，這兩個系列作品都在多家手機漫畫網站上連載。

▲ 祁雪鋒獲獎證書

針砭時弊，抨擊醜惡，歌頌主旋律，是漫畫作者的責任。黨的群眾路線教育實踐活動開展以來，為配合和推動活動開展，通過漫畫在宣傳上的優勢，二〇一三年以來，他創作了大量諸如《修身》《廉政八扇屏》等公益漫畫作品，收到了良好的社會效果。

　　辛勤的付出得到了豐厚的回報。多年來，他的漫畫作品多次獲獎。一九九六年《「稅」月如歌》獲全國稅法宣傳漫畫大賽二等獎；一九九八年《「宴」收歸來》獲吉林省漫畫大賽佳作獎；二〇〇四年《謹防保健品的吹牛陷阱》獲福建新聞漫畫作品年賽二等獎；二〇〇八年《各有所得》獲「天津和平」全國讀書漫畫大賽優秀作品獎，並參加全國優秀作品巡迴展；二〇一一年漫畫《抗洪新曲之四同譜抗洪壯歌》入選「漫畫民生首屆民生漫畫作品展」；二〇一一年，漫畫作品《忙中出錯》獲全國「雙推」漫畫大賽入圍獎；二〇一二年五月，《全家總動員》等三幅抗震救災漫畫作品被汶川博物館收藏；二〇一二年九月，《別人的眼神》和《分杯羹》等五幅漫畫作品在吉林省第五屆漫畫展暨東北三省首屆漫畫邀請展上展出，獲優秀獎併入選《吉林省漫畫作品集》；二〇一三年，漫畫作品《一條龍》獲第十屆全國法制漫畫優秀獎；二〇一四年三月，榮獲湖北省新聞漫畫研究會二〇一三年度天天漫畫網「漫畫十佳」稱號。

　　二〇一五年，對於祁雪峰來說，更是他在漫畫創作上收穫頗豐的一年。一月，他創作的多格漫畫《廉政八扇屏》作為雙遼市的選送作品，在四平市廉政文化作品徵集評選活動上獲得廉政漫畫類一等獎。四月，在杭州舉辦的第十一屆中國國際動漫節裡，一幅漫畫吸引了眾人的目光，畫中唐僧站在新聞發布會的現場，面對鏡頭指著旁邊的孫悟空說道：這猢猻是我單位臨時工，其所作所為均屬個人行為……詼諧的漫畫除了引人一笑之外，更是發人深省，這幅諷刺社會中很多單位將事故推諉到臨時工身上現象的漫畫就是由祁雪峰創作的，漫畫《出事之後》獲得了第十一屆全國法治動漫微電影大賽一等獎。

　　藝無止境，祁雪峰在漫畫藝術道路上正在奮勇前行。

小荷起舞綻芳華──創作新星宮春影

宮春影（1976-　），女，筆名採薇兒，雙遼市劇協副主席、音樂文學學會副主席、作家協會秘書長、詩詞學會理事；四平市作家協會理事、劇協理事；吉林省劇協會員。

從十三歲在北方婦女兒童出版社《小學生作文》發表第一篇作品起，便痴迷上了文字，至今已在《台灣民間文學》《吉林日報》《新長征》等報刊雜誌發表小說、散文、報告文學等作品幾百篇。

近年來，在雙遼文學藝術創作的圈子裡，有一枝小荷嶄露頭角，她創作的戲劇、散文、報告文學等，作品文化品位較高，具

▲ 創作新星宮春影

有中國風特色，文學張力十足，在四平地區文學界小有名氣。她的散文作品清新雋永，注重翻曬內心，追求一種精神上的灑脫，代表作《綠茶女人》堪稱佳作；報告文學以人物類見長，中間夾雜小說、散文等創作手法，讓人耳目一新，《希望的田野》《東昇村這三十年》等作品被多個報告文學集收錄；古典詩詞及現代詩作品意境唯美，韻致婉轉，《遼河人》《醉花陰·驚夢》等作品在雙遼詩詞文友間廣為流傳。她就是雙遼市文廣新局創編室主任宮春影。

宮春影善於思考，勤於創作，文風清麗，十幾年來一直筆耕不輟，在雙遼文友間人稱「小才女」。她堅持用高尚的情操塑造人，用優秀的作品鼓舞人，深入農村，深入群眾，深入基層，通過不斷地挖掘和探索，創作出了反映雙遼經濟發展的多部舞台藝術作品、散文、小說和宣傳報導三百餘篇，在文學藝術創作上取得了可喜成果。

二〇〇九年，宮春影臨危受命，挑起創作大梁，自此便開始承擔了全市所有大中型文藝晚會的節目創作及串聯詞撰寫工作。二〇〇九年，由她執筆的雙遼市第二十屆全民運動會開幕式大型文體表演《山河共飛歌》的串聯詞，大氣磅礴、與音樂完美結合。這些作品，既有政治性又有藝術性。二〇一〇年，反映雙遼農業豐收的小戲《選禮》、小品《兩千五》及快板《枕邊清風促廉政》三部作品在四平地區廉政文藝調演中一舉榮獲創作一、二、三等獎，填補了雙遼市多年無作品參賽獲獎的空白。二〇一一年，她利用半年時間，根據雙遼歷史名人傳說創作了二人轉《畫中情》。劇本引起省戲劇創作中心和藝術研究院的興趣，並邀請她參加全省劇本討論會。在二〇一一年吉林省第五屆二人轉戲劇小品藝術節上，《畫中情》獲編劇二等獎，填補了雙遼近二十年無劇本參加省級文藝會演並獲獎的空白。她再接再厲，於二〇一一年創作了反映新時期農村風貌的小戲《訂婚》，並在當年榮獲國家文化部和中國劇協舉辦的「中華頌第三屆全國小

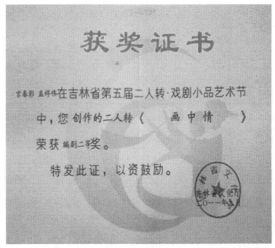

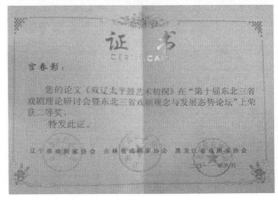

▲ 宮春影獲獎證書

▲ 宮春影獲獎獎牌

戲小品曲藝大展二等獎」。截至目前，她共創作各類舞台藝術作品近四十部，這些作品，使雙遼成功走出了近二十年文藝創作的低迷期，獲得了良好的社會反響，得到了省市專家的一致好評，宮春影也被吉林省藝術研究院確定為省重點作者。

她瞭解到，太平鼓是雙遼市特色的非物質文化遺產，唯一的傳承人姜殿海已經八十歲高齡，再不搶救發掘，這一遺產將面臨失傳的危險。為了對這一古老的原生態藝術進行系統的搶救、整理和發掘，使這一文化遺產得到保護和傳承，重新煥發出生機和活力，她會同文化館的工作人員多次下鄉與太平鼓傳承人姜殿海進行交流，並且留下了豐富的影像資料。之後一方面著手整合資料進行上報，多次進省城與專家學者溝通交流，聽取意見，終於使該項目成功申報省級非物質文化遺產，目前正申報國家級非物質文化遺產。現在，該項目在雙遼市已經被傳承並活躍了起來，並成立了太平鼓表演隊，在雙遼市第二十屆全民運動會上推出了八百人的太平鼓表演，陣容強大，場面震撼，藝術魅力盡情展現。二〇一一年，她撰寫的論文《雙遼太平鼓藝術初探》在東北三省戲劇理論論壇上被評為二等獎。

幾年來，宮春影在做好文學藝術創作的前提下，還致力於宣傳工作，陸續在國家文化部網站、《新長征》《吉林日報》《四平日報》等國家、省、市各級媒體發表小說、散文、報告文學、新聞等作品幾百篇次，計二百餘萬字。所創作的《雙遼市文體局全力推進文化惠民工程》等多篇新聞作品在國家文化部網站、新華網、國務院直屬單位新聞集、國家體育工作情況等各類國家級媒體發表，連續四年被雙遼市委宣傳部評為「優秀新聞工作者」。

文海泛舟風助力，小荷起舞綻芳華！在遼河水的滋潤下，在遼河文化的薰陶下，這只小荷正起舞風中，待時綻放，清香裊裊露芳華。

▋丹青繪雄風──青年畫虎名家張浩

　　張浩（1978-　），出生於雙遼，號墨虎齋主人，雙遼市美術家協會理事、四平工筆畫學會雙遼工筆畫分會副會長兼秘書長。自幼喜愛美術，自學繪畫，以先感受再臨摹的方式，學習古人繪畫的筆墨、構圖、章法等。努力學習畫論、畫譜等美術知識，攻花鳥、走獸、山水，堅持寫生，繪畫基礎紮實，筆墨技法勤於探索，求色彩與墨協調，學習傳統，大量臨摹人物畫、山水畫和花鳥畫，併力求創新，形成了自己獨特的畫風。

　　古人云：讀萬卷書，行萬里路。要想提高繪畫水平，一定看經典作品，尤其是經典繪畫原作。張浩首先想到的是北京的榮寶齋，那裡都是中國國畫大師

▲ 青年畫虎名家張浩

的作品，他多次前往觀看和體會畫作意境。他也曾多次到吉林省、河北省、遼寧省等地，觀看諸多現代著名畫家的經典作品，這使他的視覺受到了強烈的衝擊，心靈得到了震撼，眼界開闊了許多，吸取了大量繪畫「營養」。作為繪畫者不僅要畫出自己的特點，還要有自己的繪畫題材，張浩開始了思考。二〇〇六年的一天，他在電視上看到《動物世界—東北虎》的節目時，被東北虎那威風凜凜、王者之風所震撼。突然想到，為什麼不去用繪畫來表現東北虎呢，東北虎是生長在東北黑土地上的美麗生靈，自己也是東北人，對東北的氣候、環境很熟悉，與東北虎的生活環境也是相吻合的，他決定用畫筆謳歌這一動物之王——東北虎。為了畫東北虎，他曾多次到野生動物園虎園觀察、拍照、寫生，與飼養員交朋友，在飼養員的幫助下，與東北虎零距離接觸，瞭解東北虎的生活習性，大量收集東北虎的資料，為他的創作積累了充足的素材。

▲ 國畫《北國秋風》

畫東北虎需要很多技巧。首先，掌握好絲毛技法就要下很大工夫，如散筆點絲、單筆絲毛等用筆。畫出東北虎的形神更是難，再給總體繪畫作品加上意境是難上加難。經過幾年的刻苦努力學習，張浩終於掌握了工筆虎畫的技法。但是，虎畫好了，可怎樣提高畫的意境呢？張浩陷入了深深的沉思當中，他回

到傳統的作品中進行思考，真正感悟到文化底蘊和繪畫是緊密相連的，文化底蘊有多厚，繪畫意境就有多深。

於是，他博覽群書，刻苦學習，尤其是國學和詩詞，與繪畫更是密不可分，正所謂詩中有畫，畫中有詩。經過長期努力，張浩的文化素養得到了很大提高，畫出的東北虎越來越傳神。

一分耕耘一分收穫。張浩在不斷的學習和臨摹中，漸漸地走向了創作，一批東北虎畫作品問世並獲獎。作品《秋水》在二〇〇七年雙遼市書畫作品展覽中被評為一等獎；作品《北國明月》在雙遼市二〇〇八年慶新春迎奧運美術作品大賽中獲二等獎；作品《三峽煙雲》在雙遼市直機關慶

▲ 國畫《虎行月夜》

祝建黨八十八週年「移動杯」書畫大賽中獲得二等獎；作品《雪夜無邊》《威震山林》二〇一二年代表雙遼市參加四平政協畫院舉辦的收藏展。他的繪畫作品尺幅多樣化，有大幅六尺的、四尺的、斗方的、尺牘小品等，以工筆加小寫意的藝術形式展現作品，在工筆細膩之間加之小寫意的靈動，使畫面更加生動，展現出了東北虎的神態。繪畫作品中東北虎的形態也是多種多樣的，有行、臥、坐、嘯月、玩耍等。最有特點的作品還是大幅虎頭，因為虎頭是最難畫的，虎的表情也是最豐富的，靜態時不怒亦威的形神是最有虎的威嚴，尤其是眼神。可在虎發威時它的表情也是最抽象的，也是展現東北虎霸悍之氣最好的藝術表現方式。因而，張浩的大幅虎頭更有藝術感染力。

遼河岸邊百靈鳥——著名歌手楊曉明

楊曉明（1979-　），女，國家二級演員，四平市音樂家協會理事，雙遼市藝術傳媒有限責任公司（原雙遼市藝術團）獨唱演員。自一九九七年參加工作至今，長期活躍在各大中小型晚會舞台上。

在美麗的遼河畔，有一隻百靈鳥在快樂的歌唱。她喝遼河水長大，天賦極好，又在遼河水的滋潤下，苦心進修，終於在藝海裡，泛起屬於自己的浪花，成為吉林省小有名氣的金嗓子。她，就是雙遼市藝術傳媒有限責任公司青年演員楊曉明。

她自幼熱愛文藝，學生時代一直是學校裡的文藝骨幹。一九九七年，出於對音樂的酷愛，憑藉著自己的藝術天賦，楊曉明考入了雙遼市藝術團（原雙遼市吉劇團）。進入藝術團後，她刻苦鑽研，爭分奪秒地苦練本領，當別人在休

▲ 楊曉明（右）與著名演員閆學晶（左）

▲ 楊曉明在二〇一〇年雙遼春節文藝晚會上演唱歌曲

▲ 楊曉明在《吉林省慶祝中國共產黨成立90周年電視文藝晚會》上演唱主題歌《七月的太陽》

息、嘮家常的時候，她卻在舞台上走台步、吊唱腔、舞身段……正是這滴滴汗水，正是這不懈的追求，才換來她站在台上時雷鳴般的掌聲和生生不息的歡呼聲。自一九九七年參加工作至今，長期活躍在各大中小型晚會的舞台上，多次赴湖北、浙江、山東、河北、江西等地，曾以歌曲、舞蹈、快板、坐唱、小品、二人轉、拉場戲等多種表演形式，為各級領導、官兵戰士、教師學生、工人農民演出五千餘場，以其獨特的演唱風格和演出技巧，贏得了社會各界的好評。

　　楊曉明在工作上勤奮刻苦，連續多年被評為團裡的先進工作者。她深知，作為一名優秀的文藝工作者，光靠在舞台上的表演來取悅觀眾是遠遠不夠的，

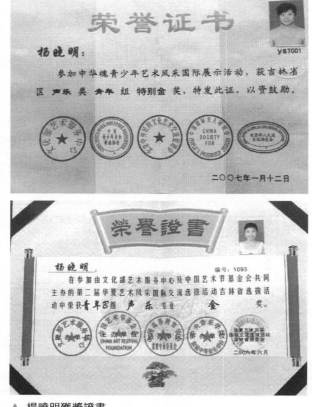

▲ 楊曉明獲獎證書

還要不斷地從思想上武裝自己、充實自己。為了不斷提高自身的業務水平，二
〇〇四年，她師從著名歌唱家、國家一級演員邊桂榮老師，開始了聲樂繼續教
育課程，求學的路途很遙遠，幾年裡，她不畏酷暑炎炎，不畏狂風暴雪，毅然
的堅持每週一節課的學習。在這期間，在職報考了長春師範學院音樂系，二
〇〇九年一月份順利讀完本科。功夫不負有心人，通過一段時間的學習後，聲
樂水平有了明顯的提高，得到了社會各界的廣泛認可和好評。在二〇〇九年，
為電視劇《俄羅斯姑娘在小城》演唱主題歌。並應吉林省水利廳、吉林省公安
廳、長春市電視台的邀請參加了多場文藝晚會。二〇〇九年十一月份，成功拍
攝歌曲《君子蘭之歌》的宣傳短片，並在吉林省首屆花展中滾動播出，受到了
領導和觀眾們的一致好評，二〇一〇年一月，接到吉林市電視台的邀請，參加
二〇一〇年吉林市春節晚會的演出。

在從事文藝事業的十三年裡，曾遇到過挫折、坎坷，但更多的是喜悅、欣

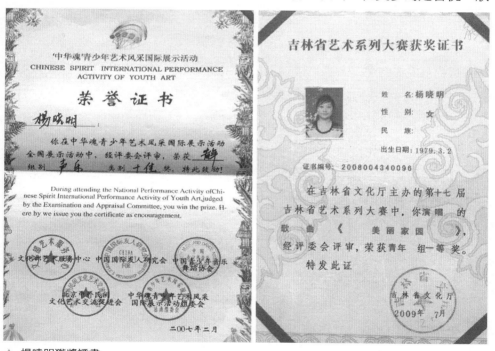

▲ 楊曉明獲獎證書

慰和收穫。她曾多次參加國家級和省級的文藝會演和比賽，均獲得可喜的成績：2005 年 1 月，歌曲《美麗家園》在第五屆全國希望之星大賽中獲吉林省民族金獎；2005 年 4 月，歌曲《望月》在第五屆全國希望之星大賽中獲全國民族十佳金獎；2005 年 7 月，歌曲《親吻祖國》在首屆全國校園才藝選拔活動中獲吉林賽區大學聲樂組金獎；2006 年 6 月，歌曲《紅旗頌》在第二屆華夏藝術風采國際交流選拔活動中獲聲樂組金獎；2006 年 6 月，歌曲《蘆花》在放飛夢想國際藝術交流形象大使選拔賽中獲聲樂組金獎；2007 年，歌曲《親吻祖國》在中華魂青少年藝術風采國際展示活動中獲青年組十佳獎；2009 年 7 月，歌曲《美麗家園》在吉林省藝術系列大賽中獲聲樂組一等獎；2009 年 7 月，詩朗誦《汶川，別哭》在吉林省藝術系列大賽中獲播音主持組二等獎；2009 年 8 月，歌曲《親吻祖國》獲吉林省廉政歌曲大賽金獎；2009 年 4 月，歌曲《君子蘭之歌》在 2009 年中國杯「共和國成立六十週年優秀詞、曲、歌手、樂手展示評選活動」中，獲演唱金獎；2010 年 8 月，歌曲《滿江紅・老兵抒懷》《沁園春・水》在 21 世紀華人音樂獎中華優秀詞、曲、音樂論文、音樂教案、歌手、樂手、展示評選活動中獲演唱金獎；2011 年 7 月，歌曲《沂蒙山我的娘親親》獲吉林省藝術系列大賽一等獎；2010 年 1 月，參加吉林市春節晚會，演唱歌曲《笑臉》；2010 年 6 月，參加「吉林省慶祝中國共產黨成立 90 週年電視文藝晚會」，演唱主題歌《七月的太陽》；2011 年 1 月，參加「蒙古王」通遼市 2011 年春節晚會，演唱歌曲《老爸，親愛的老爸》；2009 年至 2013 年推出原創歌曲《歡喜歌》《春》《月光下的思念》《老爸，親愛的老爸》《想念的日子》《老兵抒懷》《祖國您好》《沁園春・水》《梅》《蘭》《竹》《菊》等 10 餘首。

　　成績的取得，並不能停止楊曉明追求藝術的腳步。這只倔強的百靈鳥將一直努力下去，鑽研下去，用她動人的歌喉，唱響雙遼大地，為雙遼一方水土一方人獻上心中的讚歌！

獨闢蹊徑創書奇——青年書法家李志遠

李志遠（1980-　），別署致遠，慧遠居士。中國書法家協會會員、吉林省書法家協會理事、吉林省政協書畫院院士、四平市書法家協會副主席、四平市政協畫院創作員。

▲ 李志遠（右）與省書法家協會主席周維杰（左）

李志遠酷愛書法，自二〇〇二年至今，書法作品多次入展並獲大獎。其中，二〇〇二年書法作品獲吉林省文聯、吉林省書法家協會主辦的迎接十六大吉林省書法作品千人展金獎；二〇〇四年書法作品獲文化部、省文聯、省書協主辦的「中國——長春第六屆亞洲藝術書法作品節」書法精品展最高獎；二〇〇六年參加中國書法家協會主辦的紀念紅軍長征七十週年全國展；二〇〇八年參加中國書法家協會主辦的全國首屆篆書展；二〇〇九年書法作品獲吉林省

書法家協會主辦的「吉林省第三屆臨帖書法大賽」銀獎；二〇一〇年書法作品獲中國書法家協會主辦的「新時代證券杯」全國首屆私營企業書法展一等獎，同年書法作品獲上海《書法》雜誌第三屆中國書壇「百強榜」一百強；二〇一一年書法作品獲中國書法家協會，美術協會主辦的第四屆「中國‧芮城永樂宮書畫藝術節」優秀獎；二〇一二年書法作品獲第五屆「中國‧芮城永樂宮書畫藝術節」百家獎。

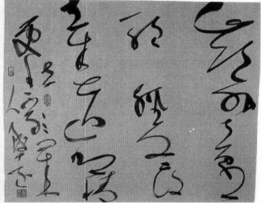

▲ 書法作品

藝海揚帆逐浪行——演藝名人高春紅

　　高春紅（1982-　），女，雙遼市人，她懷揣著對文藝事業的熱愛，走進了雙遼市藝術傳媒有限責任公司（原雙遼市藝術團），開始了演藝生涯。

　　十多年來，高春紅始終對演藝事業孜孜不倦地追求著，虛心認真地向老前輩學習請教，藝術水平不斷提升。二〇〇〇年，原雙遼市藝術團重排大型吉劇《江姐》，高春紅勇挑重擔，出演江姐這一角色，排練當中付出了很多辛苦，並出色完成了整個劇目的排演，共演出一百餘場，得到了社會各界的認可和觀

▲ 演藝名人高春紅

眾的好評。此外，在每年的「文化惠民送戲下鄉」活動中，高春紅不僅擔任每場演出主持人，還表演二人轉、拉場戲等節目。她表演的二人轉詼諧幽默、唱腔優美、純正，每場演出都能博得觀眾的陣陣叫好聲。

　　從農村走出來的高春紅備加珍惜自己的演藝事業，她平時努力鑽研業務，別人排戲的時候她總是在一旁仔細地觀看和學習，只要是團裡排的戲，她幾乎都會演。有一次，團裡赴四平市演出大型話劇《法輪血案》，有一個演員出現特殊情況不能上台演出了，這可把領導和同事們急壞了，正當萬分火急之時，同事突然間想起排戲時高春紅始終在一旁學習，就建議問問她是否可以上台代替演出，果然，當高春紅站在舞台上成功地完成了這個角色的表演時，領導和同事們都給她以熱烈的掌聲表示讚許！

　　二〇〇二年開始，高春紅走向了外省市演藝場所進行演出，目的就是在鍛

▲ 高春紅在二〇〇〇年吉劇《江姐》中表演

錬和提高自己演技水平的同時，學習適合現今市場，適合觀眾欣賞水平的一些節目和表演技巧。人外有人，天外有天，在幾年的巡迴演出過程中她總是把學到的最精華的業務知識帶回團裡，傳授給年輕的學員，帶領大家共同進步，提高了整個團體的業務水平。在雙遼每年舉辦的春節聯歡晚會等活動中都以嶄新的演出形式，為全市人民獻上精彩的表演節目。

近幾年，高春紅經常參加省裡的一些大型比賽，二〇〇九年，在吉林

▲ 高春紅在二〇一二年雙遼春節晚會上表演

▲ 高春紅在二〇一二年雙遼迎春晚會上表演

省文化廳主辦的第十七屆藝術系列大賽中，她表演的二人轉《豬八戒拱地》獲得了青年組一等獎；二〇一〇年十一月，她帶領藝術團成員代表吉林省參加「榮裕杯」全國農民健身秧歌大賽，獲得團體第二名；二〇一一年，她參加吉林省文化廳主辦的第十九屆藝術系列大賽，表演的拉場戲獲得專業組一等獎；二〇〇九年，她參加吉林省第四屆二人轉戲劇小品藝術節，拉場戲《表姐弟》獲得了個人表演二等獎；二〇一一年，在第五屆二人轉戲劇小品藝術節中，她表演的二人轉《畫中情》獲得一等獎。二〇一一年，高春紅帶著團裡的學員參加了吉林電視台鄉村頻道《二人轉總動員》欄目暨吉林省第三屆電視二人轉大賽，獲得專業組一等獎。

唱響心中最強音——青年歌唱家邴巍

邴巍（1983-　），出生於黑龍江省海倫市，畢業於中國音樂學院，二〇〇六年進入吉林省雙遼市藝術團，成為一名獨唱演員。

有的說他是一個為音樂而生的音樂天才，也有人說他是個音樂的寵兒，更有老師和聲樂界的知名人士說他是個聲樂的奇葩。幾年來，通過參加全國範圍的各類文藝演出，成就了邴巍的藝術之路。《同一首歌》走進蘇州大型演唱會；《鄉村大世界》走進象牙山；吉林衛視春節聯歡晚會；

▲ 邴巍（右）與著名歌唱家閻維文（左）

國家大劇院元宵節專場文藝晚會等等，都凸顯了邴巍的藝術才華。

二〇〇五年他參加吉林省電視台《大擂台》獲聲樂組滿貫擂主稱號；二〇〇七年他進入中央音樂學院進修聲樂專業；二〇〇八年他參加北京大興電視台《我行我秀才藝大賽》獲得聲樂組總冠軍；二〇〇九年他參加北京電視台新中國成立六十週年特別節目《花樣年華歌舞大賽》演唱《西部民歌串燒》獲得優秀節目獎；二〇〇九年九月他參加黑龍江省青年歌手電視大獎賽獲得民族組金獎；二〇一〇年他參加中央電視台全國青年歌手電視大獎賽獲得民族組螢屏獎；二〇一〇年他參加中央電視台全國青年歌手電視大獎賽進入團體決賽；二〇一〇年七月他參加江西衛視中國紅歌會獲得全國八強；二〇一一年他獲得中

▲ 邴巍參加中國紅歌會第一個闖進全國十強

▲ 邴巍在二〇一四年吉林衛視春晚上演唱歌曲

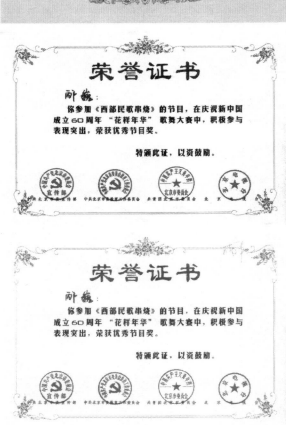

▲ 獲獎證書

國音樂金鐘獎黑龍江賽區民族唱法金獎；二〇一二年他獲得四平市青年歌手大獎賽民族組金獎；同年獲得吉林省青年歌手電視大獎賽民族組銀獎第一名；二〇一三年他被評為中華環保名譽形象大使稱號；二〇一四年七月他代表文化部赴西藏進行慰問演出，九月他參加了文化部國家大劇院演出季專場文藝演出，十月他參加文化部高雅藝術進校園走進青海、甘肅專場演出，十一月他參加水立方 APEC 亞洲經貿組織領導人非正式會議文藝演出。

為百姓歌唱，為家鄉放歌是他一輩子追求的目標。邴巍正帶著他那份真誠樸實，一步步地走向更廣闊的舞台。

第四章 ——

文化景址

雙遼，平坦的地形地貌樸實無華，卻有著深厚的文化積澱，歷史的夜空星輝月朗，瑤光閃爍。存放在鄭家屯博物館的遼金史證、歷代珍寶以及後太平的遠古遺蹤依然詩情畫意地折射著雙遼的悠久。在改革開放大潮的洗禮下，盛世新城嬌容煥發，自然恩賜和人工打磨的旅遊景點，正以自己的特色吸引著八方遊人。

鄭家屯博物館

　　鄭家屯博物館的前身是奉系軍閥、黑龍江省督軍兼省長吳俊升在鄭家屯的
行轅，俗稱大帥府。

　　大帥府始建於一九二一年，奉系軍閥吳俊升將長期辦公的洮遼鎮守使公署
擴建為私邸。佔地面積五八〇〇多平方米，房間一百四十多間，為典型清代款
式，三進四合院，硬山式磚瓦結構。青磚青瓦，磨磚對縫，雕梁畫棟，斗栱飛
簷，前出狼牙，下有台基。朱紅大門，門洞寬闊，門前有一對石獅子。石獅東
有上馬石，西有拴馬樁。帥府四周築有圍牆、箭樓和砲臺。在大帥府大門東西
兩側的大道上，還有兩個高大的轅門，十分威嚴，被群眾稱為吳轅門。一九三

▲ 鄭家屯博物館正門

一年「九一八事變」後鄭家屯失陷，大帥府曾一度為偽縣府和日本憲兵隊。一九四九年後，大帥府舊址曾為雙遼縣政府機關所在地。一九六九年大帥府為雙遼縣生產指揮部的辦公地。一九七〇年以後，大帥府的前一進套院被拆毀改建成政府辦公樓，後為公檢法辦公樓。帥府四周築有的圍牆、箭樓、砲臺和兩個高大的轅門都毀

▲ 清光緒鐵鍋

於「文革」期間。一九九二年雙遼縣人民政府公布大帥府為縣級重點文物保護單位。一九九三年雙遼縣人民政府決定對大帥府進行復原維修工作，由瀋陽市園林建設管理處施工，博物館籌建工作由市文物管理所負責。修復後的大帥府佔地面積二〇二〇平方米，房間三十二間。一九九四年五月，開始籌備博物館布展工作，六月十七日向吉林省文化廳作匯報，七月二十二日在吉林省博物館請有關專家召開布展論證會。九月四日，僱用錦州遼瀋戰役紀念館人員開始布展，九月二十七日布展完畢，陳列面積六百七十二平方米。九月二十八日正式開館。因建館時雙遼縣正申報改設鄭家屯市（後批設雙遼市）而命名為鄭家屯博物館。

鄭家屯博物館是吉林省重點文物保護單位，省級愛國主義教育基地。現有「雙遼古代史展」「吳俊升生平展」「于鳳至生平展」和「雙遼近代史展」四個展廳，從六七千年前的新石器時代，到新民主主義革命時期，全面展示了古代各族居民的生活風貌，近代風雲人物的歷史遺跡。現有藏品三七二七件，其中國家二級文物十五件，三級文物八十六件。藏品來源主要是考古發掘和民間徵集。重要藏品有貝幣、壺形鼎、錯金降魔杵、吳俊昇平叛鐵炮、光緒鐵鍋等。室外景點有為洮昌道尹戰滌塵而立的「德政碑」、有記載吳俊升等人捐資助學的蒙養學堂校碑、雙山縣警務局長張拱宸的德政碑、土地廟碑、上馬石、拴馬樁等石刻；陳放在東跨院的兩門吳俊昇平叛鐵炮，是吳俊升發跡的有力物

證，讓人們一覽清代火炮「鞏定將軍」的風采。

博物館在基本陳列之外還設有臨時展廳，每年舉辦臨時展覽八至十二個，包括「紀念抗日戰爭勝利圖片展」「紀念中國共產黨成立九十二週年圖片展」「紀念毛澤東誕辰一百二十週年圖片展」「永遠的豐碑：偉大的共產主義戰士雷鋒圖片展」「防震減災日宣傳圖片展」「老年書畫展」「科普宣傳圖片展」等展覽，集歷史性、知識性、娛樂性和教育性於一體，用博物館的獨特語言為公眾提供寶貴的精神食糧。二〇〇九年實行免費開放，年接待觀眾十四萬餘人次。一九九八年被四平市委、市政府命名為愛國主義教育基地，一九九九年被公布為省級重點文物保護單位，二〇〇三年被四平市政府評為優秀旅遊風景區，二〇〇七年開始連續三年被四平市委、市政府評為四平市未成年人思想道德建設工作先進單位，二〇一一年被吉林省政府公布為省級愛國主義教育基地，被雙遼市委、市政府評為「十佳文明窗口」。

▲ 青花盤

鄭家屯博物館陳列著大量的出土文物，地方歷史發展簡況的圖片，對重要歷史人物如奉系人物吳俊升、于鳳至，抗日人物于海川的生平事蹟也有系列展出。特別是對解放戰爭時期紅色政權的建立展出得更為翔實。

雙遼市古代文化遺跡歷史悠久，古代文化遺存豐富，有著深厚的地域文化積澱。新中國成立以來，隨著文物考古工作的開展，經多次調查和清理發掘，先後在雙遼市發現各歷史時期文化遺址二百餘處。這些文化遺址充分、客觀地反映出雙遼歷史發展的進程以及雙遼古代先民在石器時代、青銅時代、鐵器時代等不同考古年代的真實風貌，最早可上溯到距今約七千年前，他們創造出豐富多彩的、具有民族特色的歷史文化，留下了大量的文物古蹟。

據資料統計，考古工作者在雙遼市發現新石器時期遺址十六處，這為本地原始文化的研究提供了豐富的物證。當時的原始居民廣泛分布在雙遼西部和南

部，特別是東、西遼河沿岸。通過對位於雙遼市柳條鄉農閣村的西山灣子遺址出土的彩陶片、石犁、陶豆、陶鼎等器物的考證，證明了當時人們的經濟活動以漁獵和游牧為主，農業也有了一定的發展，已經能製造精美實用的細石器和夾砂褐陶。西山灣子遺址大約距今六七千年，屬於新石器早期文化，以之字紋和筒形罐為主要文化內涵，是雙遼新石器時期遺址的典型代表。其他遺址如永紅遺址、木頭板拉遺址、向陽屯遺址等均有刮削器、石器、骨器出土，這些器物也是雙遼新石器文化遺址中的代表性器物。

目前，雙遼已發現青銅時代的遺址三十三處，以後太平遺址群為代表。後太平遺址群分布在雙遼市境內東遼河右岸二級階地上，共十一處遺址和三處墓地，沿東、西遼河匯流三角區邊緣二級階地呈「V」字形分布，在兩個河曲弧灣（俗稱山灣子）之間伸向河邊的蛇頭形台地（俗稱山咀子）之上，除中部的部分

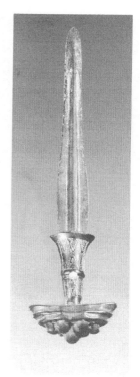

▲ 青銅短劍

遺址地表見有白金寶文化遺存外，所見多數素面陶片顯示出相同或相似的特徵，初步將其確認為一處具有相同文化因素的遺址群，並以處於其中心位置、遺存豐富且典型的後太平遺址所在地後太平村命名，稱作「後太平遺址群」。二〇〇七年五月，吉林省人民政府將「後太平遺址群」核定公布為省級文物保護單位。二〇〇七年五至十一月，吉林省文物考古研究所組織專業人員對後太平古遺址和古墓葬進行了搶救性發掘，發掘面積一千五百餘平方米，清理遺址單位七十五個，出土陶器、青銅器、骨角器、蚌器、玉器等各類遺物一千五百餘件，還有大量的陶片、各類動物骨骼和人體骨骼標本。

後太平古遺址和古墓葬的文化內涵十分豐富，既有新石器時代和商、周、戰國及遼、金、元時期三大類文化遺存，又有漁獵、農耕、草原等多種文化元

素。同時具有嫩江下游的白金寶文化、西遼河流域的夏家店上層文化、東遼河上游的寶山文化及下遼河流域的高台山文化的文化特徵，屬吉林省西部地區大面積青銅時代文化遺存的首次發現，對於確立東北地區青銅時代文化的新格局具有重大深遠意義。出土文物顯示，後太平遺址是白金寶文化遺存分布的最南緣，此一事實，顛覆了考古學界的傳統認知。其出土器物的形制獨特，以素面束頸陶壺和新發現的器形——壺形鼎為代表的陶器群，具有與以往考古發現明顯不同的獨特的文化因素，足以代表一種新的考古學文化類型。其青銅時代遺存至少分為截然不同的兩期。一期遺存相當於中原地區晚商時期，距今約三二〇〇年；另一期遺存即為後太平類型遺存，相當於中原地區西周晚期至春秋時期，距今約三千至兩百五十年。

遼金民俗文化遺存傳說在遠古時期，從天上降下一騎白馬男子，沿西拉木倫河而上，與一騎青牛沿老哈河而上的女子在西拉木倫河與老哈河的交匯處——西遼河的起始點相遇而結合，日後生養了八個兒子，繁衍而成為契丹八部。到了唐朝末期，契丹崛起，西元九〇七年，契丹人首領耶律阿保機統一契丹八部，建立契丹國，國號為遼。大遼興盛之時，占據了大半個中國。契丹人在遼代早期即進入今雙遼地域及遼河流域。雙遼之地當時轄於遼之東丹國，後改隸於東京遼陽府，分屬韓州、信州。遼代因俗而治，「以本族之制治契丹，以漢制待漢人」，並吸收了中原文化和渤海文化。

契丹人本是游牧民族，驍勇善戰，原本沒有農業。《遼史》記載：「遼國盡有大漠，浸包長城之境，因宜為治，秋冬違寒，春夏避暑，隨水草就畋漁，歲以為常。」晚唐時期，中原連年混戰，民不聊生。漢人大量逃亡入契丹之地，並開墾土地耕種，契丹地區才開始出現農業。隨著大遼勁旅不斷開疆

▲ 遼三彩器座

擴土，遼軍強行將大批從事手工業、農耕的渤海人和漢人掠往遼地，甚至有整州整縣的人，契丹人為他們劃出大片荒地，建立城郭，並沿用農人原州縣之名，令民開墾耕耘。同時，還實行了頭下軍州制度，以俘虜為奴，開荒耕種。加之鐵製農具的廣泛使用，農業生產力大大提高，一時使遼國倉廩充足，國力日盛。雙遼境內遼金時期文物非常豐富，出土的遼三彩器座、銅絲網絡綠釉碗、綠釉蓋罐、蓮紋罐、陶缽等器物造型優美、工藝精湛，說明當時契丹人不但發展了農業，手工業、商業也非常發達。

捕魚、狩獵活動在契丹人的社會生活中同樣占有重要地位。契丹人擅長捕魚，而且有獨特的捕魚技術。在冬季，他們在冰上支起氈帳，將門掩得嚴嚴實實，在冰上鑿眼兒垂釣，舉火把用火光吸引魚上鉤，一釣一條，很少失手。如捕大魚則在冰上鑿出四個大冰眼，一眼鑿透，用火把照明，周圍三眼只將冰鑿薄，作為觀察孔。魚來時，用帶鉤的繩子擊中，也不立即拉上來，等魚掙扎累了，再拽上來。南方宋人對此獨特的捕魚技術也深為讚歎。在其他季節，契丹人則用網、叉、鉤、漁罩捕魚。契丹人轉徙不定，車馬為家，就連遼國皇帝治理國家也實捺缽（行宮）制度，即四時各有行在之所的巡狩制。宮廷與民間均在每年開春用捕撈的第一網魚、獵殺的第一隻天鵝，擺設「頭魚宴」「頭鵝宴」。即使在遼國的多民族混居地區，契丹人仍按舊俗生活。

遼代時，女真人要年年向大遼進貢，主要貢品是一種凶猛的獵鷹海東青，極難捕獲。後來，女真人不堪忍受遼國的欺壓，在首領完顏阿骨打的帶領下，誓師反遼。源於肅慎的女真人於一一一五年建立金國，因「契丹」是「鑌鐵」「刀劍」的意思；「遼」是契丹語「鐵」的意思。女真人以「金」為國號，意在以不變不壞之金克遼之雖堅易壞

▲ 黑花四繫瓶

之鐵。一一二五年，金滅遼，隔年又滅北宋。金沿遼制，雙遼之地仍隸屬韓、信二州。金人在其發祥地東北大力發展農業，把中原先進的農業技術引進東北。統治者崇尚儒家思想，提倡尊孔讀經，繼承科舉制度。金代在客觀上促進了中華民族大融合，縮小了全國南北地域在經濟與文化上的差異。從出土於雙遼的金代文物中，即可窺見金國社會的一斑。黑花四繫瓶和鐵花白瓷碗是金代的代表作，其繪畫具有很高的藝術性。鐵製農具、銅鏡、銅印等文物證明當時遼金的冶煉技術已相當發達。

▲ 遼代墓葬發掘現場

　　雙遼境內已發現遼金時代墓葬百餘處，大多分布在南部和西部，其葬式、葬俗、葬具都不盡相同，隨葬品也時有出土。墓葬形制分土坑墓和磚室墓。磚室墓為貴族墓，土坑墓則為平民墓。考古工作者曾發掘王奔遼墓群、桑樹遼墓、駱駝嶺遼墓、大哈拉巴山遼墓、雙山遼墓，其中的駱駝嶺遼墓為遼代中期貴族墓葬。該墓為磚室墓，由墓室、耳室、甬道、墓門、墓道組成。墓中發現祭台，上置馬具及飾件、雞冠壺、雞腿壇、唾壺等隨葬品。墓室中發現骨架一具，屬一青年男子，無葬具。北宋沈括《夢溪筆談》中記載有契丹人葬俗：「銅絲絡其手足」，駱駝嶺遼墓墓主人就戴著銅絲手套，印證了沈括的記載。火葬在遼金時代盛行，興隆古墓群至今仍存一百餘座古墓，以火葬甕棺墓為主。據《遼史‧契丹傳》記載契丹葬俗：「父母死，以其屍置於山樹之上，經三年後，收其骨而焚之」。然後將火化後的骨灰裝在特製的陶魂壇（又叫甕棺）裡，上面用泥封上，有的上覆陶缽或青磚，每個罐子留一個小孔，意思是給靈魂留個出入的地方，又叫靈魂通道。最後將甕棺埋入墓中，同時，嘴裡還唸唸

有詞，說：「保佑我多打野豬和野鹿」。

　　鄭家屯自從蒙古人滅金，建立元朝之後，雙遼和東北大部分地區一樣與中原完全統一了。從元到清，生活在雙遼土地上的居民基本是蒙古族、滿族和漢族。元、明、清的文物主要有青花瓷器、繪彩瓷器，還有許多宗教器物。元、明、清時期本地居民的宗教信仰變化較大，主要與種族不同的居民主體有關。元代時，薩滿教與喇嘛教在蒙古族游牧區域並存，藏傳佛教為寧瑪派紅教。明代時，藏傳佛教格魯派黃教逐漸取代紅教。明末清初，黃教盛行，清統治者在蒙古牧區明令取締薩滿教，一時，寺院裡喇嘛人數暴增，嚴重影響了社會的生產生活。清中期是雙遼本地多元文化相互融合變遷時期，包括宗教。佛教、道教和薩滿教又都悄然興起。十八世紀末，伊斯蘭教傳入。道光七年（1827年），天主教傳入。當地出土的錯金降魔杵、鎏金銅造像、銅香爐、景泰藍香爐、銅佛像等文物為研究雙遼不同時期宗教文化提供了依據。

　　清初，由於清朝統治者將大片土地封賞給了各蒙古王公所有，實行了封禁政策，致使雙遼人煙日漸稀少。到了清中期，封禁政策逐漸廢弛，大批關內外百姓進入，清嘉慶元年（1796年），有鄭姓漢人（傳說名叫鄭月），來今雙遼市城區開店納客，人稱鄭家店，後來，逐漸形成屯落，始稱鄭家屯。當時流傳著這樣一句話：「出了法庫門，一半牲口一半人，到了鄭家屯，只見牲口不見人」，就說明了雙遼的蕭條。到清咸豐（1851-1861）間，科左中旗的溫都爾郡王將鄭家屯西北十公里外的白市部落開放，進行牲畜交易。清同治元年（1862年），溫都爾郡王族中的三喇嘛和巴梅倫因急需用錢，就把鄭家屯周邊的土地私自賣出，招來一大批法庫門、奉天、錦州、河北等地的移民遷來居住，他們在鄭家屯開設商店、旅店、牛馬市和手工作坊，形成了鄭家屯街市的雛形。

　　清光緒六年（1880年），清政府劃出科爾沁左翼中旗和後旗的南部設康平縣，並在鄭家屯設分防主簿(分防主簿相當於現在的政府秘書長)。清光緒七年（1881年），由奉天省會商科左中旗，達爾罕王與溫都爾郡王派遣了三十名蒙古兵維護，清政府正式在鄭家屯設立分防主簿衙門。這是近代雙遼最早的建

制，也由此開啟了本地在清朝末期的昌隆階段。

　　清光緒二十八年（1902 年），奉天將軍曾琪以鄭家屯「北扼蒙荒，商賈薈萃，民眾日漸繁多」為由，奏請清廷劃康平縣和奉化縣部分地域設立遼源州，隸屬於奉天昌圖府（知府為六品銜），州治設於鄭家屯。此後，鄭家屯日漸繁榮。當時的遼源州，轄有一街五社，一百三十八個屯，人口有七萬兩千餘人。光緒三十二年（1906 年），遼源州的西遼河水運碼頭三江口啟用通航。宣統元年（1909 年）鄭家屯又被闢為營口溯航西遼河的終點碼頭。各地客商從營口等地運來食鹽、砂糖、絲綢、布匹等商品，再把穀物、燒酒、肉類、皮革、藥材等物產運走。西遼河上百舸爭流，被譽為「沙荒寶路」。據一九一〇年統計，鄭家屯碼頭吞吐量在兩萬石左右，成為名副其實的水旱碼頭，整個街市車水馬龍，商賈雲集，成為鄭家屯近代史上的黃金時期。

　　一九一二年，「中華民國」建立。一九一三年，根據臨時大總統《劃一現行各省地方行政官廳組織令》，即將國內各府、廳、州名稱一律改為縣的命令，遼源州改為遼源縣，定為二等縣。同年，設雙山縣。遼源、雙山兩縣均隸屬於奉天省北路觀察使。

　　雙山縣地域原名采合新甸，本是科左中旗達爾罕王的領地。在清同治（1862-1874）末年的一次豪賭中，王爺的弟弟輸光了所帶錢財，便以采合新甸土地作賭注，意欲翻本，不料，又輸給了漢人賭徒們。事後，王爺的弟弟反悔，達爾罕王更不認賬，贏得土地的漢人們無奈，便告到官府，見官府斷案無期，便將無頭土地廉價賣出，買地人發覺上當後，又趕緊轉賣出手，一時騙案迭出，官司不斷。此一訟案，前後折騰二十餘年，終在清光緒三十三年（1907年）結案，達爾罕王敗訴，奉天省派員到采合新甸為債權人確認土地。之後又派牛爾裕主持安墾局丈放土地、籌組雙山縣。雙山縣治所班達窩棚即是如今的雙遼市雙山鎮。

　　一九一五年，洮南、昌圖二府合併，奉天省北路觀察使衙門改為洮昌道。一九一六年，因洮南地方不寧，洮昌道道台府遷至遼源縣鄭家屯。洮昌道的管

轄範圍西到通遼，北到洮南。一九二九年，洮昌道撤銷。

　　清末民初的鄭家屯，有中西薈萃、繁華鼎盛的各種商號一千六百餘家，成為方圓數百里區域內的貿易中心和貨物集散地。遼源、雙山兩縣經過多年的開發建設，已有良田萬頃，村屯星羅棋布，公路、鐵路相繼開通。在商品經濟長足發展的同時，各種文化形態也相映生輝，先後興建起眾多廟宇和學堂、戲院，宗教文化、儒家文化及各方地域文化在鄭家屯相互融合，人們憧憬著現代文明之光的洗禮。

▲ 于鳳至

　　二○○七年九月十七日，「張學良將軍夫人于鳳至紀念館」在雙遼落成，館址建在雙遼市政府賓館，由雙遼市委市政府主辦，原黨史辦主任魏連生任館長。二○○九年九月，于鳳至紀念館改由鄭家屯博物館管理，館址由政府賓館遷至鄭家屯博物館，現博物館內專門設有「于鳳至生平展」展廳。

　　于鳳至女士是張學良將軍的原配夫人，是活躍在東北政治舞台上的一位才女。

　　于鳳至，字翔舟，祖籍山東省海陽縣司馬莊，一八九七年六月七日出生在吉林省懷德縣大泉眼村，五歲時到鄭家屯定居。于鳳至家屯定居，她的青少年時期生長在鄭家屯，其父于文鬥是靠推挎車起家，經過努力當上了大商號豐聚長的掌櫃，從此，家業興旺發達。于鳳至天資聰慧、機敏過人，她不僅精通四書五經，還熟讀諸子百家、名人詩賦，琴棋書畫也是樣樣精通，是當時鄭家屯有名的才女。

　　奉系軍閥張作霖逢難時多得于文鬥的幫助，與于文鬥結為金蘭之好。張作霖見于文鬥女兒于鳳至不但容貌姣好，而且文采出眾，非常喜歡她，無意中得知于鳳至「福祿深厚，乃是鳳命」，認為「將門虎子」和「鳳命千金」是天賜良緣，他便許下一個心願：一旦得勢，他的兒子必與于家女兒成親，用以相近

相報。張作霖發跡後，便請吳俊升做媒，從中說合。最初，于鳳至和張學良都不同意此樁婚事，張學良不願娶「鄉野村姑」，但他又不敢違背父親的意願，只好百般推脫拒絕與于鳳至見面。于鳳至敏感地發覺張學良的不情願及對自己的輕視，於是修書一封闡明了自己對這樁婚姻的看法。後來在吳俊升的安排下，張學良和于鳳至在奉天的天益堂藥房初次相逢，二人一見傾心，終成眷屬，於一九一六年八月八日在鄭家屯舉行了盛大的結婚典禮，從此他們開始了相濡以沫的風雨人生。

婚後，于鳳至以自己獨有的莊重、內斂、仁義，贏得了大家的信任和讚譽，也更加使張氏父子對這位女子刮目相看。張學良與于鳳至育有一女三子，為使後代不忘故土，按照周時典籍《爾雅・釋地》中的記載「東方之美者有醫巫閭之珣、玗、琪焉」，張學良給三個公子依次起名為：閭珣、閭玗、閭琪，長女名為閭瑛。

一九二八年「皇姑屯事件」發生後，日本人準備乘亂佔領東北，當時張學良不在奉天，形勢極為嚴峻，于鳳至臨危不亂，坐鎮奉天，果斷地採取了密不發喪的策略，巧與日本人周旋，並及時給遠征在外的張學良密拍了電報，協助張學良秘返東北，完成了軍政大權的移交，顯示了她沉穩幹練的一面。在東北軍出現分裂危機的時候，于鳳至探聽虛實，證明楊宇霆、常蔭槐確有異心，使張學良痛下決斷，及時除掉了楊、常二人，消除了東北軍內部隱患，為東北易幟掃清了障礙。

一九三〇年遼西一帶發生了特大洪澇災害，作為少帥夫人的于鳳至在瀋陽立刻發起了女子賑濟會，發行救災債券，並親自到災區視察災情，慰問災民。張學良和于鳳至還以重金捐贈，支持閻寶航、韓素秀等人興辦貧兒學校，發展教育事業，為國家培養了大量人才。

一九三六年十二月十二日，張學良、楊虎城實行兵諫，發動了震驚中外的「西安事變」，在中國共產黨的努力調停下，得以和平解決，抗日民族統一戰線也初步形成。然而，張學良將軍卻陷入虎口，被蔣介石扣押起來，于鳳至陪

▲ 于鳳至紀念館一角

牢伴獄與張學良共同度過幽禁生活。一九四〇年因日軍進犯湘西，張學良被轉移到貴州省修文縣的陽明洞。這時，于鳳至發現身患乳腺腫瘤，張學良為她提出到國外就醫的請求，在宋子文等人幫助下，蔣介石同意于鳳至孤身赴美就醫，從此訣別。

從一九四〇年赴美就醫算起，于鳳至遠離丈夫張學良整整五十個春秋。這五十年裡，她不僅一個人照料子女，而且還憑著堅強的意志戰勝病魔，投資地產和股市，由罩在丈夫光環下的民國時期東北第一夫人轉變成一位傑出的實業家。一九九〇年三月二十日，在美國洛杉磯萊克瑞治路的林泉別墅裡，一位年屆九十三歲的白髮老人，走完了她漫漫人生長旅的最後一程。從北方小鎮的才女、鳳命千金到聲名顯赫的少帥夫人，從癌症患者到自食其力的美國華爾街商人，她帶著愛與執著，在艱辛的人生旅途中，創造了一個又一個奇蹟。

雙遼烈士陵園

　　雙遼烈士陵園位於雙遼市區西北部，西鄰雙遼發電廠，始建於一九四七年，共安葬了三百八十二名烈士，其中外籍烈士十五名（日本籍烈士四名，其中二名女烈士；朝鮮籍烈士十一名）。二〇〇三年六月十九日，雙遼市公安局雙山分局副局長賈曉岩在追捕公安部 A 級逃犯中壯烈犧牲，被公安部授予全國二級英模稱號，他的骨灰被安葬在雙遼烈士陵園內。

　　本著「褒揚烈士，教育後人」的宗旨，從二〇〇三年至二〇一三年，雙遼市先後投資五百多萬元對烈士陵園實施了改擴建工程，烈士陵園佔地面積由原來的一點九萬平方米擴大到二點四萬平方米，將六百延長米圍牆加高〇點八米，鋪設甬路一五〇〇延長米，栽植花卉一點八萬株、樹木六四〇〇株，將安葬的三百八十二名烈士墓全部改建為地下墓，二〇一三年將兩座紀念碑重新修建，並修建了佔地面積三百平方米的紀念廣場。

　　同時，為增加愛國主義教育內涵，提升烈士陵園整體水平，二〇〇五年三

▲ 雙遼烈士陵園內的紀念碑

▲ 紀念館一角

月，雙遼市投資四十萬元，對雙遼市英烈功臣紀念館進行改建，新建紀念館面積一百五十平方米。紀念館裡面收集了曾經在雙遼戰鬥過的老一輩無產階級革命家李富春、陶鑄等的生活、戰鬥的史實資料，如發生在雙遼市的幾次戰役、犧牲在雙遼的烈士和雙遼籍犧牲在外地的烈士史料、社會主義建設期間省特等模範以上人物傳記等，館藏文物一千兩百件，圖片四百一十幅，每年接待參觀人員近千人次以上。

　　每年清明節前夕，雙遼都舉行以市五大班子領導為首，市直各委、辦、局、駐雙遼各部隊、鄭家屯車站、雙遼發電廠及各街道辦事處、各中小學等千餘人參加的祭掃烈士墓活動，使機關領導幹部、職工、企事業員工和廣大學生深受教育。

風光旖旎的八一湖

　　八一湖水庫始建於一九五八年，一九七六年擴建為中型水庫，二〇〇五年，由國家投資一一六二萬元對該庫主體工程進行了除險加固，總庫容達到一六五〇萬立方米，興利庫容達七百七十萬立方米，防洪庫容達五百一十八萬立方米，該庫集水面積七十七點四平方公里，主要進水源為東遼河，是雙遼市利用東遼河過境水資源的重要樞紐工程，是一座以防洪除澇、水產養殖為主，灌溉旅遊為輔的綜合性利用水庫，水庫可用水域面積五百六十五公頃，可養水面三百公頃，耕地一百公頃，林地一百五十公頃，葦田三十五公頃，灌溉面積三百公頃，年灌溉用水量三百六十萬立方米，保護下游農田二三六〇公頃，人口三三〇〇人。

　　水庫轄區內林草繁茂，植被良好，野雞、山兔、狐狸等野生動物常常出沒其間，野鴨、水鳥常在湖上嬉戲。七月以後，三號庫滿湖荷花爭芳吐豔，可謂

▲ 八一湖正門

鳥語花香，魚蝦滿塘。

　　八一湖水庫具有優越的地理位置，位於雙遼市的東部，長鄭開發地帶南端，西依長通公路，交通十分便利，是去往長春、四平、長嶺、公主嶺、通遼等重要城市的必經之地，為八一湖水庫開發旅遊提供了極其優越的交通條件。

　　八一湖水庫雖然集水面積僅七十七點四平方公里，但它是東遼河側河水系。東遼河水將通過雙山灌區渠首工程調蓄後源源不斷地流入八一湖水庫，為八一湖水庫提供了可靠的資源保證。雙遼市自一九九八年已連續五年發生了歷史上罕見的大旱，全市四座中型水庫三座乾涸，唯有八一湖水庫一直保持正常庫容。

　　八一湖水庫具有得天獨厚的自然景觀。它特有的自然地貌特徵，秀麗宜人的自然風景，使水庫形成五庫相連的天然湖泊。1-3 號庫之間有一座四面環水的湖心島；3-4 號庫之間是三面鄰水，坐北朝南的半圓形開闊地帶，既有沙丘

▲ 遊客在八一湖上遊玩

又有平川，植被繁茂，綠樹成蔭，生機盎然，構成一幅壯觀的天然美景；4-5號庫之間似腹大嘴小的駝峰臥於兩庫之間，也是整個庫區的制高點，站在峰頂之上可俯視水庫全貌。由於五庫相通，如同天然湖泊，構成五大連池，湖水環山具有強烈的地域特點，蘊藏著豐富的旅遊資源。

　　開發八一湖水庫旅遊業適應社會總體發展要求，符合雙遼市情。雙遼市位於吉林省西部的一座以農業生產為主的中小城市，旅遊資源匱乏，旅遊業發展滯後。隨著經濟的發展和人民生活水平的提高，度假旅遊已成為消費的重要渠道。城市職工一年中有三分之一的休息時間，休閒旅遊將成為人民日常生活的重要組成部分，同時也為假日經濟的繁榮帶來無限生機和活力。這為開發八一湖水庫旅遊區提供了難得的機遇，充分利用水庫資源優越和自身特點，把八一湖水庫建成一個旅遊功能齊全的現代旅遊區，其發展前景將十分廣闊。

▲ 八一湖荷花

後太平遺址群

　　雙遼市位於吉林省西部，地處松遼平原腹地，科爾沁沙地東緣。這裡是東遼河與西遼河的交匯地，也是吉林省與遼寧省及內蒙古自治區的交界區。早在六七千年前，這裡就有了人類活動。人類的祖先用磨製的石斧、石犁、石鏟、石矛、石箭頭及研磨棒等簡單的工具開闢耕地，逐獵禽獸，張網捕魚。後又有東胡、鮮卑、高句麗、契丹、女真、蒙古、滿、漢等民族在這裡繁衍生息。

　　後太平遺址群中心位置位於雙遼市東明鎮，從東北向西南方向連綿三十公里。有東崗子遺址、後太平遺址、盤山遺址、七棵樹遺址、打靶溝遺址、大金山遺址及後太平墓地七處遺址。二〇〇七年，經過省、四平、雙遼三地文管部

▲ 后太平遺址群

門的踏查研究，這七處遺址依考古慣例被合稱為後太平遺址群。後太平遺址群分布集中，文化內涵豐富，有新石器早期文化遺存、新石器晚期文化遺存、商周、戰國、遼、金元時期三類文化遺存。其中，商周、戰國時期遺存中包含有嫩江流域的白金寶文化因素，是迄今所知白金寶文化分布的最南邊緣。

後太平遺址群的發現絕非偶然。一九八四年文物普查，顧鐵民、段新澍、王柏泉、郭法魯等人就先後調查過東明鄉後太平及新立鄉大金山等三十三處先秦遺址。調查人員發現，東遼河沿岸與西遼河沿岸的新石器時代遺址文化內涵既有連繫，又有明顯差別。普查者認為：古代雙遼屬南、北文化的交匯區。先秦不同時段的考古學文化，既受下遼河和西拉木倫河文化影響，又受嫩江下游和東遼河上游文化影響。

二○○六年十月，東明鎮後太平村村民李長民帶著一個陶罐來到鄭家屯博

▲ 墓葬

物館要求鑑定，工作人員馬上上報情況。聞知後，文體局主管副局長立即趕到博物館，與李長民攀談。當得知他和村鄰家中還有陶罐時，他們當即決定前往後太平，去那個被村民稱之為「山根」的地方。

在後太平村，工作人員看到了村民所說的「山根」，這是一塊由東北向西南走向綿延起伏的台地，高約三至四米，村民房屋依「山根」而建，在他們平常取土的斷壁上，幾個年代的文化斷層隱約可見。斷層中，陶片、人骨、蚌化石、獸骨歷歷在目，這些讓工作人員大為興奮，也更為憂慮，必須立即行動，保護已被破壞的歷史文化遺存。

二〇〇六年十月至二〇〇七年二月間，他們又幾次驅車到「山根」進行實地踏查，並收回了一些村民手中的陶罐。

據當地村民介紹，他們在「山根」取土時，曾挖出過很多陶罐，還有成堆的人的骸骨，因為怕不吉利，所以挖出的骸骨都被移地而埋了。這是不是一個古墓葬遺址？這一疑問在文物部門的領導腦海裡初步形成，與之同步形成的，還有一個讓他們自己都大為興奮的希望。為了進一步進行研究發掘和保護，二〇〇七年二月，文物部門請來了四平市文物管理辦公室主任雋成軍和研究員趙殿坤來幫助進行鑑定。趙殿坤研究員具有多年文物工作經驗，他初步斷定這處為古墓葬遺址。

從四月三日起，雋成軍、趙殿坤一行在雙遼文物部門的陪同下，在後太平方圓五百米連綿的沙崗上找尋。終於，在屯東頭的沙剝地上找到古代生活遺址區。

從在村民手中收回的陶罐器型上看，雙遼後太平遺址群，具有典型的白金寶文化特徵，距今約二千八百年。白金寶文化屬青銅時期文化，名字的由來源自於白金寶遺址。白金寶遺址位於黑龍江省肇源縣城西五十公里民意鄉大廟村白金寶屯，嫩江左岸的台地上。一九八一年白金寶遺址被公布為省級文物保護單位。後發掘出的文化類型與白金寶文化相符的，均被稱為白金寶文化。在學術界，一直認為白金寶文化西起內蒙古翁牛特旗，東至黑龍江省阿城市，北至

▲ 布方

齊齊哈爾西北訥河市，南至吉林乾安的達木蘇泡子左岸。因此，它的發現，突破了學術界對白金寶文化原來的界定，將白金寶文化南端推至到了雙遼市境內。後太平遺址群的發現，是學術界的一個新的突破。

▲ 器物組合

二〇〇七年四月十五日，後太平遺址群當中的後太平遺址和後太平墓地搶救性發掘拉開了序幕。經國家文物局批准，由吉林省考古研究所、四平市文物管理辦公室及雙遼市文物管理所、雙遼市博物館等三級單位聯合組成的後太平考古發掘工作組進駐後太平村，開始了為期一百八十天的考古發掘工作。

發掘工作在各級領導的關懷和支持下進展順利，也得到了省內外有關專家、學者的肯定。吉林大學教授博士生導師朱永剛，黑龍江省考古研究所副所長、研究員張傑，及省專家宋玉彬、安文榮、谷德平、劉景文、付家欣、王洪峰等先後到工地視察指導工作，並充分肯定了發掘成果。二〇〇七年五月三十日，後太平遺址群被吉林省人民政府公布為第六批省級重點文物保護單位，現正積極申報第七批國家級全國重點文物保護單位。

十月十二日，後太平墓地區和遺址區考古發掘勝利完成。考古發掘成果豐碩：後太平墓地發掘面積八百二十七平方米，發現墓葬三十七座；後太平遺址發掘面積四百平方米，共出土陶器、青銅器、骨器、玉器、石器等各類遺物一千五百餘件。兩區還出土了大量的陶片標本、各類動物骨骼標本、人骨標本等。

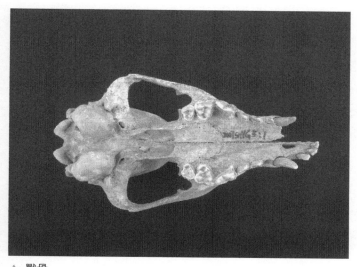

▲ 獸骨

十月十六日，國家文物局專家組成員、中國文化遺產研究院喬梁研究員在吉林省文物考古研究所金旭東所長的陪同下，從吉林省第三次全國文物普查培訓班所在地柳河縣趕到雙遼市後太平考古發掘

工地進行工作視察。喬梁研究員察看了後太平考古發掘工地及庫房，詳細詢問了發掘過程，認真細緻對照了部分典型器物。提議將後太平考古發掘、發現提名為全國考古十大發現。

在考古過程中，專家們的發現讓人們一次次瞪大眼睛：

以獸肉為主食：在後太平遺址群出土的一千五百餘件文物中，並沒有發現原始的農業工具，但幾乎每個墓穴裡都有馬的骨骼，這表明當時馬在人們的生產生活中有著不可替代的作用，所以推斷當時的人們不食用馬肉。在遺址區的灰坑裡，專家們發現了大量的動物骨骼，這些骨骼以牛、羊、鹿等獸骨為主，以魚類、龜類還有田螺等為輔。從這些出土的獸骨來看，當時，先民們的食物主要是肉類，這也說明了當時人們的生活方式是以畜牧為主，漁獵、農耕為輔。

部落衝突頻繁：在後太平考古發掘過程中，出土了大量的青銅器、石器等兵器，專家推斷，當時人們的戰爭是以部落之間戰爭為主，而且當時的戰爭相當頻繁。發掘出來的石器、青銅器等兵器的位置是在東遼河改道之前的位置，由此可以推斷當時人們為了生存，就在河邊且地勢較高的、被河水衝擊成台地的地方安居，人們的生活方式是半定居方式，之後形成一種堅固的防禦攻勢，防止敵人來襲擊。

死則同穴眠：每個家族都有固定墳墓，老人去世後，都要埋葬在已故先人的墓地裡，而當家中有孩子不幸夭折時，孩子卻不能先埋葬在家族墓中，而是要單葬在一處，等孩子的長輩去世後才能與長輩們合葬。

在後太平墓地，發現的三十七座墓穴的形式是「土坑豎穴墓」，這些墓穴的大小不一樣，墓穴比較大的，說明當時的家族成員較多，而墓穴小的，家族成員相對較少。考古人員在發掘過程中甚至還發現了當時人們有火葬的習俗。

貧富差距不大：後太平遺址群出土了很多陶罐，大一些的是當時人們生產生活的工具——實用器，而小的陶罐則是人們死後，被放在墓穴裡的隨葬品——明器。在墓葬區，每個墓穴裡都有隨葬品，可墓穴之間的隨葬品差別卻

不是很大，這也反映出當時人們之間的經濟差距不是很大。他們平等隨和，互助互幫，在遼河灣裡過著安靜的生活。

文物是記載歷史的最好佐證。在出土文物中，令專家們最為驚嘆和振奮的是一種叫壺形鼎的陶質器皿，正是它的發現，佐證了雙遼在兩千八百年前即出現了農耕文化、漁獵文化、游牧文化三種文化並存，又互相借鑑、互相融合的地域文化特徵。

▲ 壺形鼎

壺形鼎，顧名思義兼具壺與鼎的特徵。它體態呈壺形，壺底有三隻足。壺形鼎是在白金寶文化特徵基礎之上的突破。因此可以說，後太平遺址群融合了東遼河的農耕文化、新開河的漁獵文化和西遼河的草原文化，三種文化融會貫通，獨樹一幟，其中的學術價值不可估量。

後太平遺址群的發現和大量文物的出土，不僅將雙遼市的歷史又向前推進了幾千年，而且反映了雙遼市境內歷史文化的連續性，真實記錄了古代先民從愚昧到文明，從落後到進步的前進歷程，豐富了雙遼市的歷史文化底蘊，對研究雙遼市、吉林省乃至東北的古文化遺存具有極其重要的意義，必將成為雙遼市、吉林省乃至全國的又一張歷史文化名片。

後太平青銅時代墓地

　　後太平墓地位於雙遼市東明鎮後太平村北部，北緯 43°31'，東經 123°43'，海拔 127.9 米，處於雙遼市轄區內的主幹河流之一——東遼河右岸二級台地上。台地呈東北—西南走向，屬風積湖積地貌的南部邊緣，其南部為東遼河沖積平原，地勢低窪、開闊，墓地東距東遼河

图一　墓地位置示意图

▲ 后太平墓地位置示意圖

約三公里，西距西遼河約十五公里，南距東、西遼河交匯處約六十公里。

　　一九八四年文物普查時，在後太平村北一公里的坨子上發現一處遺址，並確認其是一處青銅時代文化遺址，遼金時期亦有人居住，並將其命名為後太平遺址。二〇〇七年三月，四平市文物管理委員會辦公室、雙遼市文物管理所和鄭家屯博物館在對東遼河右岸一級台地進行考古調查時，在後太平遺址西南約

▲ 墓地全景

一公里處發現了一處墓地。通過考察從墓地附近村民家中徵集到的陶器、青銅器等文物的形制特徵，初步判斷該墓地是一處具有白金寶文化因素的青銅時代墓地，文化內涵與後太平遺址相同，命名為後太平墓地。墓地範圍依地勢走向呈條帶狀，長約八千米，寬約二百米。經鑽探發現，墓葬分布十分密集，並有遼金時期的房址、灰坑等遺跡疊壓其上。

由於村民建房取土及春季凍融引發的坍塌對墓葬造成了不同程度的破壞，二〇〇七年五月—十一月，吉林省文物考古研究所會同有關單位對後太平墓地進行了搶救性發掘。此次發掘選擇了經鑽探確認的遺跡分布最密集的區域布五米乘五米探方三十個，發掘總面積八百三十七平方米，以及遼金時期房址、灰坑、灰溝等遺跡單位九個。

此次發掘是吉林省西部沙化、半沙化地區青銅時代文化遺存的一次重要發現，為認識東遼河下游早期文化面貌提供了一批可靠的實物資料，填補了學術界認識上的一項空白。

後太平墓地墓葬中隨葬的飾繁縟壓印篦點幾何紋的陶壺、缽、筒形罐等，器形及紋飾特徵鮮明，為典型的白金寶文化器物。白金寶文化因黑龍江省肇源縣白金寶遺址而命名，主要分布於松嫩平原，南緣可至松遼分水嶺至吉林農安一線。此次在東遼河流域發現白金寶文化特徵的遺存，證明其分布範圍已達遼河流域。

後太平墓地墓葬中隨葬的素面陶壺從形制看，可能與遼東地區的青銅時期早期文化存在一定的傳際關係，與其後的石棺墓文化器物也有一定的相似性，個別器形又與井溝子墓地出土陶器相同。

在出土的素面陶器中，數量最多的是

▲ 筒形罐

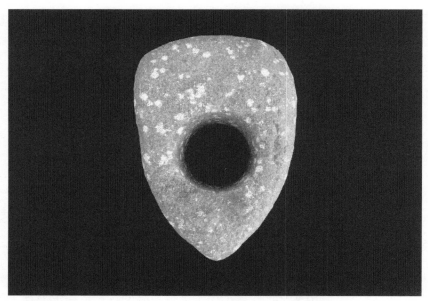

▲ 錘斧

高領壺，同時見有一種新的器形壺形鼎。以這兩種器物為代表的陶器群在吉林省境內尚屬首次發現，其整體文化內涵有著鮮明的地域特色，與周邊同期考古學文化存在著明顯差異，代表著一種新的考古學文化類型。從該類器物與白金寶文化特徵器物共出的情況看，其時代應與白金寶文化相近。據北京大學考古文博學院科技考古與文物保護實驗室加速器質譜（AMS）碳十四測年結果，可確定該批墓葬埋葬年代為西周至春秋晚期。

後太平墓地處於東、西遼河下游的交匯地帶，北與嫩江、第二松花江遙相呼應，南與下遼河相接，又與東、西遼河上游地區相距不遠，其所處的特殊地理環境，使得這種文化類型在形成和發展過程中可能與周邊週期各種文化因素產生相互影響。對後太平文化類型的進一步探討，也將對研究整個遼河流域及其與嫩江、松花江流域文化的碰撞交流及發展趨勢產生重要影響，對確立東北地區青銅時代文化新格局起到推動作用。

鄭家屯公園

鄭家屯公園始建於一九九五年，是雙遼市唯一的綜合性全開放式公園，是雙遼市重要的人文景觀之一，同時也是市民娛樂、休憩、健身的場所。

公園於一九九六年四月三十日正式奠基施工，總投資一百八十萬元，總佔地二十二公頃，一九九六年十月二十日竣工。一九九八至一九九九年公園接受社會各單位、部門投資六十萬元，新建門前廣場，完善園內甬路，改造園內的電力設備，修建公廁。二○○七至二○○八年，市政府結合雙遼市西遼河城區段防洪整治工程，對公園進行兩次擴建，將原有靠西遼河大橋西段，遼河路路北的一塊綠地，擴展成圍繞西遼河大橋兩端，橫跨西遼河東西兩岸的四條綠帶，形成完整的西遼河濕地生態系統，使其具備了生態、景觀保護、

▲ 鄭家屯公園正門

▲ 流經公園的西遼河過境段

居民休閒旅遊等多種職能，並將中心城區與遼東開發區周邊的環境有機結合，為遼東新區的城區景觀軸線的營造、生態環境的保護、旅遊娛樂場所的建設提供必要的補充，對雙遼市整個城區人居環境的改善起著至關重要的作用。公園現佔地面積一百二十四公頃，水面六十公頃，以河流濕地為主要特徵，園內有河流經過，分布著樹林、農田、沙丘，形成了獨特的濕地水體景觀、驚嘆的飛禽景觀、蔥翠的林海景觀、宜人的生態農田景觀。

　　西遼河之勝，獨在於水。水是公園的靈魂，西遼河貫穿整個公園，遠處波瀾壯闊的水面與天際線混為一體，近邊蜿蜒曲折的堤岸與搖曳垂柳相映成趣。西遼河之重，重於生態。為加強生態保護，在濕地中設置生態保護區、生態景觀區。通過營造科學、合理的植物群落，為水生魚類、飛禽提供了自然的棲息地。

　　西遼河民風淳厚質樸。每年的清明、端午、六一，都會有大量的遊客進行踏青、採艾蒿、野遊。在端午小長假期間，鄭家屯公園以「綠色雙遼、魅力園林」為主題，推出九項端午文化活動供市民選擇和參與，形式多樣，異彩紛呈，主要包括「繽紛夏日」精品花卉展、紅燈籠展示、傳統秧歌節目表演、放風箏、登沙山、採艾蒿、水岸漫步、林下野炊、雙人踏車林中漫遊。

　　在距離大門二十米的位置，設置一座孔雀的雕塑，孔雀的尾部是模紋花

▲ 公園一景

壇，夏季花壇裡種植雞冠子、孔雀草、美人蕉、串紅、地膚等草本花卉，色彩絢麗、生機盎然。入口廣場的孔雀雕塑由於獨特的造型和重要的地理位置，已經成為公園標誌性建築，節假日，總會引來不少遊客在此拍照留念。

位於西遼河西側的堤壩上，以沿著河堤種植的柳樹作為主景，配植形態各異、季相分明的風景林帶，在河水的掩映下，形成參差錯落、富於變化的水中

▲ 公園內的雕塑

▲ 老人們在公園裡晨練

▲ 公園內的雕塑

倒影，與岸邊的垂柳相映成趣。時而，微風吹拂著翠綠的柳枝，幾隻小鳥從水面上掠過，河面上泛起陣陣漣漪，給園裡帶來春的氣息。一到夏季，清晨都會有大量晨練者，年輕人沿著水邊晨跑、散步；老年人遛狗、鬥鳥。水邊的宜人

▲ 公園晨景

▲ 攔河橡膠壩

風景，讓人十分愜意。

　　位於公園入口的東側，有大片挺拔、蒼勁的楊樹林，鬱鬱蔥蔥，林下綠草茵茵，夏季漫步在林中，陣陣涼風迎面吹來，給人以清新、涼爽的愜意。林蔭下稀疏分布小型場地，為清早晨練、假日露營野餐提供了舒適的環境。早晨，每個場地都會有十多位老年人組成的健身隊，整齊地練著太極拳、太極劍、扇子舞，老人們身手矯捷，全神貫注。一到假日人們就會成群的聚到林下舉行家庭聚會、單位聯誼會等活動。林中時有歌聲、笑聲、嬉戲聲傳來，十分熱鬧。

　　在靠東側水岸的綠地中，有一條貫穿南北的曲徑，與堤岸或遠或近，曲徑的兩側有錯落有致的植物景觀。沿著曲徑穿行，時而看見繁茂的密林，只聽見河水拍打岸邊啪啪的聲響，時而出現讓人神清氣爽的開闊草地，大片的碧水藍天盡收眼底，小徑曲折迂迴，時而峰迴路轉，在你不經意間盛開的杏樹林闖入眼簾。移步換景、步隨景移。清風吹拂，傳來陣陣丁香的馨香、杏花的芳香、青松的幽香。

　　在公園中心廣場的中央，有一個現代抽象的藝術造型——幸福樂章的主題

雕塑。幸福的樂章是風翩翩起舞、鈴伴風低低吟唱，傾聽雙遼人民幸福快樂的心聲之意，享受自然的風景古樸而純真，聽自然的聲音，和諧而安靜。這個雕塑已成為公園第二個標誌。在雕塑的北側，沿著通往廣場的主幹道兩側整齊地種植四行雲杉，形成悠長的景觀視廊，突出體現雕塑的莊重、亮麗。雕塑的南側搭配姿態各異的高大喬木、低矮的灌木，使整個景觀與周圍環境自然、順暢地融為一體。這也為一些京劇票友提供舒適的環境，他們一邊儘興高歌，一邊踩著旋律漫步賞景，時而會停在一處，認真下腰、劈叉、練嗓。

公園的最南段，西遼河設置的攔河橡膠壩，在壩上放置了兩條金龍，河水波濤洶湧隨橡膠壩順勢而下，猶如兩條金龍踏浪前行，氣勢宏大，振奮人心。

健身設施一處、林下休憩的場地六處、休憩涼亭兩處，為假日郊遊的單位、學校及家庭進行露營、野餐、垂釣，提供便利的條件。另外在兒童遊樂區設置了飛象、碰碰車、滑行龍、賽車、旱冰、兒童電動車、PS 野戰等設施，為假日的兒童提供豐富多彩的娛樂項目。

陽春三月，鶯飛草長。遼河兩堤，桃柳夾岸。兩邊是碧水蕩漾，波光粼粼，遠處雲霧瀰漫，天水一色。此時走在堤上，你會被眼前的景色所折服，從而心曠神怡。而西遼河的美景不僅只在春天，夏季孔雀裙下的陣陣花香，晚秋時隨風飄落的紅葉，冬雪後疏影橫斜的蒼松。更有那煙柳籠紗中的鶯啼，細雨朦朧中的林間小徑。無論你何時來，都會領略西遼河濕地生態公園不同尋常的風景。

▲ 人們在公園內打太極拳

一馬樹森林公園

　　一馬樹省級森林公園位於吉林省西部雙遼市實驗林場內，距雙遼市區十二公里。公園西瀕遼河，南連二〇三國道，東臨大廣高速公路，北接長通公路，交通便利，四通八達，具有得天獨厚的旅遊優勢。公園佔地面積九百公頃，景區內以松樹、楊樹為主要樹種，間有白榆、垂柳、雲杉、唐槭、黃菠蘿伴生其中。另有二百多種植物、幾十種野生動物以及近百種昆蟲。園內林蔭蔽日，環境幽雅，鳥語花香，景色宜人。

　　一馬樹森林公園原為雙遼森林公園，吉林省林業廳於一九九三年九月批覆正式批準成立省級雙遼森林公園。二〇〇三年春，雙遼加大對森林公園的建設

▲ 一馬樹森林公園正門

力度，規劃出五百公頃林地用於森林公園建設，先期開發三千二百平方米蓄水池一處，完成了原七間房防火瞭望塔移至森林公園的搬遷工作，秋季建成了蓄水池中的涼亭並完成了周邊護欄的安裝。二〇〇四年建成森林公園小樓，用於公園管理及餐飲服務。二〇〇五年，雙遼市旅遊局在森林公園西南建設三座蒙古包以及六百平方米平房，用於旅遊餐飲娛樂。又建設一千平方米平房作為客房，用於遊客住宿。秋季開發了射箭場和沙地車場，設五部四輪摩托。二〇〇六年建設標本室及鴕鳥園，並建賽狗場一處，修築柏油路二千米。二〇〇七年，引進梅花鹿作為觀賞動物。

　　二〇一〇年春，對森林公園的每個建設項目做出了具體規劃，並確定了負責人，落實了責任制。建設珍禽園和鴕鳥園，組織採購了紅腹錦雞、火雞、野雞和鴕鳥。在黑松林內建設森林氧吧，鋪設甬路。購買騎馬，在公園北門建設

▲ 松浪湖

跑馬場。購買腳踏船和電動船,進行水上樂園建設。購買箭弩,進行狩獵場建設。將防火瞭望塔開闢為觀光塔。購買雙人自行車為遊客提供出租服務。對蒙古包風情園進行承包。完成滑索安裝和仿長城建築。經過半年的緊張建設,森林公園於六月一日開始對外營業,原雙遼森林公園正式更名為一馬樹森林公園。

森林公園大門為古樹造型雕塑,古樸嶙峋,極具歷史滄桑感。樹彎處塑兩隻錦雞,相視若語,並在樹杈間點綴一枝新芽,幾片綠葉。古樹中段拓為匾額,上書「一馬樹森林公園」。連接公園南北區設跨街天橋兩座,東側為水泥構築涵橋,名為「神木龍涵」。西側為階梯式木質板橋,名為「達觀橋」。雙橋飛架,連接南北,登臨之際,頗有「攬二橋於東南兮,樂朝夕之與共」的思古幽情。

▲ 動物園正門

松浪湖位於森林公園中心,水面兩千八百平方米。北側的九龍泉及南側的雙龍瀑盡將清水流入湖中。湖中心建有松浪亭,由雙拐曲橋連接岸畔。松浪亭邊設有荷花形噴水龍頭,水霧在陽光下隱現七色彩虹。俯瞰湖面,蒼松倒映,微風吹拂,波光粼粼,松濤乍起,趣味無限。湖邊設有遊艇,供遊人在湖中游弋,享受碧水松浪的如詩意境。

動物園位於松浪湖東側。正門為古松造型,旁有松樹映襯,給人以真假難辨的感覺。側枝塑一碩大松塔兒,一隻松鼠塑像翹尾跳躍奔向松塔兒,活潑歡快,栩栩如生,未入園中,便有興致勃勃之感。

動物園佔地一萬平方米,內中有籠圈舍飼及與人零距離接觸的散養溫和動物二十餘種,品種有珍稀、普通之別。有飛龍、浣熊、豪豬、松皮鼠、斑頭雁、鴕鳥、鴯鶓、鴛鴦、貴妃雞、白孔雀、藍孔雀、蛇、蟒、蜥蜴、藏獒、黑

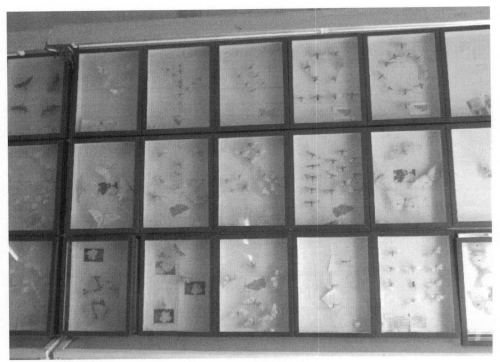

▲ 昆蟲標本

天鵝、丹頂鶴、獼猴、黑熊等。遊人能在這裡領略物種的特異及上蒼造物的神奇。園內還設有鳥藝表演場地。由三種鸚鵡進行推車、滑梯、拼圖及銜物表演。

陳列館與標本室位於動物園北側，同設於一座二百平方米起脊式建築之中。門廳為陳列館，中央設森林公園全景沙盤，囊括全部建築與設施。萬畝方圓，盡收眼底，一覽森林公園風采。周圍置有林場創業時期的工具實物，木犁、鍬、鎬及生活所用的物品。牆壁上掛有偉人照片及語錄印刷品，另有各時期林業工人合影、工作照、各界人士題詞等。

標本室設在陳列館內側，共分為兩部分。第一部分為自然景觀，兩側為草地，中間為流水小橋，青藤老樹。草原狼、錦雞及水鳥標本列於草地兩邊，在甬道上行走猶如置身於自然山水之間。第二部分為禽鳥及昆蟲標本室。幾十種昆蟲標本須羽完整，色彩斑斕，並注以生活習性和生存方式。

好漢城空中滑索高十四米，為仿古長城式建築。遊人由滑索關券門進入，

▲ 蒙古包風情園

拾級而上，轉至滑索機前。滑索長二百米，兩側松林排列，綠色盎然，微風起處，松濤陣陣，坐在滑索椅上，臨風聽濤，別有一番情趣。滑索終點，有一架抗美援朝年代蘇製米格退役戰鬥機停在林間空地，遊人可攀梯在機艙處留影，作為歷史紀念。

蒙古包風情園始建於二○○三年，佔地一萬平方米，位於森林公園西南側，有穹頂式蒙古包三座。其中一座面積為一百一十三平方米，另外兩座皆為六十四平方米。蒙古包外圍飾有彩繪雲紋及人物畫，極具民族特色。正中建有住宿平房一千六百平方米。女兒牆亦呈半圓形蒙古包狀，施以彩繪。風情園周圍松、楊、榆、柳交相掩映，相得益彰。園內花壇布局別緻，花草蔥蘢。園中央有一座蒙古族人物塑像，呈彎弓射鵰之狀，神情凝練、姿態雄渾，頗有一代天驕之風。風情園集吃、住、娛樂為一體，遊人們可以領略民族風情及高品位的服務，是娛樂、休閒、度假的好去處。

觀光塔原為防火瞭望塔，一九八二年始建於七間房野生動物保護區，用於實驗林場大規模人工森林的火情觀測。二○○三年森林公園初建，被作為標誌性建築整體移至森林公園。二○一○年對瞭望塔進行了整修，闢為旅遊項目。當人們登臨塔頂，極目遠眺，原野山川，盡收眼底，抒「會當凌絕頂，一覽眾山小」之思古情懷。

▲ 鄭家屯酒業休閑廣場

植物園位於公園管理處路西，佔地二萬平方米，既是實驗林場的種植試驗基地，也是向遊人開放的觀賞場所。植物園內種植了很多當地樹種和引進樹種，諸如黑松、樟子松、美人松、班克松、落葉松、桑、槐、銀杏、梧桐、垂柳、垂榆、檜柏、插柏、白樺、皂角、紅瑞木、黃波欏、唐槭、金葉複葉槭、丁香、水臘、衛茅、紅葉李、榆葉梅、金葉榆及諸多花草品種。遊人在觀賞與品味之間感受物種差異、形態多樣、色彩紛呈的自然造化。

　　森林氧吧位於森林公園管理處南側，處於繁茂的樟子松林之中，佔地四萬平方米，由木板棧道、石甬路和水泥步塊組成的林間小道共兩千多米環繞其中，是一個開放式多設施景點。走進森林氧吧，一塊石碑上刻有原林業部領導、學者梁希的詩詞：「無山不綠，有水皆清，四季飄香，萬壑鳥鳴，替山河妝成錦繡，把國土繪成丹青」。沿著小路前行，有一木架草頂圓亭名曰「伴

▲ 成吉思汗塑像

亭」。由此向前，經「逸軒亭」，過木牌坊「松濤曉巒」便到了休息場。休息場周圍松林環繞，依坡而建，設有吊椅、木凳供遊人休息。兩側有馬、鹿、鷹及民俗人物塑像、蒙古敖包、連理樹等景緻雅趣天成。

拓展訓練營地位於森林氧吧南側，由多處艱、難、險、阻設施構成。從北部「梅花椿」開始，過東西兩處繩梯至「情人堡」，然後通過「穿越火線」，跨過「空中斷橋」進入「森林迷宮」，出得森林迷宮翻越「逃生牆」攀「摩天輪」，闖「孤島求生」最後進入「背摔台」，全程一千五百米。

森林公園北區位於公路北側，與南區由「神木龍涵」和「達觀橋」相連接。周圍樹種多為楊樹，在北區的開發建設中又栽植了松、柳、榆、槭等喬木灌木觀賞樹種，增植了花草，提升了園林的觀賞性。

鄭家屯酒業休閒廣場位於北區中部，佔地一千兩百平方米，正面建築造型為雙手托起一圓形木質酒桶塑像，桶側題字為「鄭家屯酒業休閒廣場」。用於展示古遼源州的酒文化。廣場地面為水泥地磚鋪就，平坦寬闊，可供二百人集會、餐飲及娛樂，是集體旅遊及集中娛樂的好地方。

蒙古包民俗館位於鄭家屯酒業休閒廣場前，面積一百五十四平方米，是突出民族特色為遊人提供的旅遊文化場所。當你進入蒙古包，便會看到威嚴的成吉思汗塑像，周圍陳列著蒙古族佛教物品及民俗用品，法器、酒具、馬鞍、馬鐙、馬頭琴、弓、箭、刀、蒙古袍、帽、靴、勒勒車、烙床子等物件，展現了蒙古人宗教、信仰、狩獵、生活的畫卷。

滑草場位於跑馬場南側，佔地五百平方米，滑道長四十五米，高十五米。坐在滑草盆裡居高而下，可以充分享受衝擊穿越的快樂，是兒童們流連忘返的好地方。

「五壺四海」位於森林公園北區的一處高地上，形制是兩層底座上建有一處十乘十米的水池，中間設有一件仿紫砂陶壺造型的雕塑，清水從壺嘴流出注入水池中，形成一處特殊景觀。

文化廣場

　　文化廣場建於二〇一二年，佔地總面積達三點三一公頃，總投資一二六〇萬元，是集文化、休閒、娛樂、健身等多功能為一體的文化活動廣場，它的建成豐富了城市人文景觀，改善了人居環境，極大提升了城市品位。

　　每當天色漸漸暗下來，位於雙遼市區西南的文化廣場上五彩繽紛的燈都亮了起來，人們帶著愉悅的心情，紛紛從家裡走出來，漸漸的，人越聚越多，摩肩接踵湧來，紛紛聚集在健身舞、大秧歌、交誼舞的隊伍中。花壇邊上坐滿了人，噴泉周圍站滿了人……文化廣場上京桃、雲杉、黑松、樟子松、小蘋果、衛矛、擰勁槭、五角楓、李子、山杏、紅瑞木、莢迷等二十五個品種的植物錯落有致、枝繁葉茂。它的建成改善了城區的環境，極大地提升了城市的品位。文化廣場已經成為雙遼人休閒、健身的好去處。

▲ 文化廣場全景

▲「遼河之星」燈塔

▲ 文化廣場夜景

品質生活從這裡開始。「建築是凝固的音樂」「建築是立體的詩畫」，多少文人墨客都這樣讚美高大雄偉的建築作品。文化廣場上配置先進功能的電子音樂噴泉、電子大屏幕、雕梁畫棟的精美亭閣、十二生肖雕塑造型等等，都完美體現了建設者詩情畫意般的睿智；其中投資二百萬元，素有「遼河之星」美譽的燈塔，堪稱東北三省燈雕藝術之最，更是雙遼的標誌性美景。

　　這種美好環境的創造，既源於建設者對生活真諦的深刻理解，更源於人們對品質生活的追求與嚮往。當「遼河之星」的璀璨燈光交相輝映在文化廣場的那一片夜空，當電子音樂噴泉伴隨著優雅悅耳的旋律喚起翩翩起舞的腳步，人們才真正領悟到生活、環境、藝術原本是那樣密不可分，原本他們就是相互依存、相互創造。因而，人們對生活的詮釋不再是簡單的衣食住行，而是融入自然的揮灑和諧、藝術升華的價值品味。到過文化廣場的人們無一不感到，屬於他們的文化娛樂生活在這裡得到完美升騰。

▲ 市民在文化廣場上健身

吉林雙遼白鶴省級自然保護區

　　吉林雙遼白鶴省級自然保護區位於吉林省雙遼市茂林鎮境內，地處茂林鎮新興村張塔廟屯北，在國有雙遼市玻璃山機械林場轄區內，濕地水源來自天然降水，地理坐標為東經 123°27'7"-123°43'3"，北緯 44°0'51"-44°5'15"。保護區總面積六六〇三公頃，核心區二三七五公頃，緩衝區二〇八八公頃，實驗區二一四〇公頃。二〇一四年初經吉林省人民政府審核批准設立。

　　保護區屬於「野生植物類型」「野生動物類型」自然保護區。主要保護對象為白鶴、東方白鸛、丹頂鶴、黑鸛等珍稀瀕危動植物及濕地生態系統。自然保護區植物區屬於返北極植物區域，自然植被類型主要有四個植被型：草甸、沼澤、水生植被和人工林植被，共有植物四百三十二種，列入《國家重點保護野生植物名錄》的有野大豆、野菱兩種。

保護區動物資源十分豐富。根據調查統計，區內分布有野生脊椎動物五綱二十四目五十八科一百九十七種，列入《國家重點保護野生動物名錄》的有二十七種，都是鳥類。其中，國家一級重點保護鳥類有白鶴、丹頂鶴、東方白鸛、黑鸛四種；國家二級重點保護鳥類有灰鶴、蓑羽鶴、白枕鶴、小天鵝、大天鵝、白額雁、蒼鷹、雀鷹、普通鵟、白尾鷂、鵲鷂、雁隼、長耳鴞、短耳鴞等。

吉林雙遼白鶴省級自然保護區地處白鶴全球範圍南北遷徙重要停歇地，每年遷徙季節停歇白鶴數量在二百至五百隻，全年停歇期長達五十至六十五天，在全國乃至世界白鶴物種保護中，具有重要的價值與地位。吉林雙遼白鶴省級自然保護區的建立，與東北松嫩平原已經建立的其他濕地與珍惜水禽保護區一起，構成候鳥繁殖遷徙的保護網絡。在一定程度上，提升了中國東北——澳大利亞候鳥遷徙帶上候鳥棲息地保護能力，對生態吉林發展、生態雙遼建設具有積極的推動作用。

鳥語花香離不開山清水秀。近年來，自然保護區的鳥類資源和生態環境建設得到保護與恢復，改善了野生鳥類的生存環境條件，對生態環境保護和野生鳥類棲息地質的提高都起到了良好的作用，營造了關注自然，保護鳥類，愛護野生動物的良好氛圍，為建設生態良好、環境優美、人與自然和諧相處的美好家園共同努力。

第五章———

文化產品

在從貧窮落後向富裕文明進取的歷史長河中，雙遼的廣大文學愛好者堅持不懈
地在文學的海洋中揚帆奮進，破浪前行，他們用驕詩和美文謳歌著人民的豪
壯、社會的進步、高遠的夢想。一本本文學集成，一篇篇精彩華章和一件件魅
力十足的書畫佳作，無不飽含著每個文學藝術愛好者的心血。這些作品像藍天
上的陽光，春季裡的清風一樣滋潤著人們的心靈。

格律詩集《平仄人生》

孫長春的《平仄人生》（由吉林大學出版社出版發行），以詩詞的形式，薈萃了詩人十幾年間創作的千餘件作品中的五百餘件精品。單就詩集的書名而言，就透著一種哲思和理性。人生豈能無平仄？平仄乃人生的真實、人性的真實、藝術的真實。

《平仄人生》以理性思維和感性認識詮釋了世間萬象和人生百態，給人的想像空間、啟發意義、審美價值都很大，個中哲理也就這樣被揭示出來。

《平仄人生》裡的詩詞作品格律嚴謹，很好地傳承著中華民族幾千年的文化形式，表現了詩人對中華傳統文化藝術的無比熱愛。

情感是一切行為的主導，作者的情感決定著作品的思想性。心態平和、樂觀向上、積極進取、善待人生，貫穿了《平仄人生》的始終。奮進、勵志是這部作品的主旋律。

詩人的細膩和精準令人折服，可以說他對所經歷的一切，都能從不同的視角演繹出深邃的詩思，並精準而理性地揭示出人生的哲理。

大視角是一種藝術，更是難得的睿智。這是與生俱來的也好，是後天修練的也罷，詩人有他的大視角，這就注定了他要享受個中的快樂與艱辛。

《平仄人生》的第一輯「上下求索（遊歷篇）」，囊括了詩人六十餘首舊體新詩作品，其體裁大多為絕句。詩人喜歡寄情山水，所到之處都能文思泉湧，涉筆成詩。

景觀對於普通的遊歷者來說，無非是走馬觀花，而對於詩人來說卻是詩情畫意的捕捉和呈現。他在遊歷武夷山之後，竟能把五十餘處景點以排律（52句）的形式，進行形神兼備的描繪和記錄。那盛景的美輪美奐及其形成的歷史淵源乃至其對世人的昭示，盡在他的筆端油然而生。他寫「大王峰」和「玉女峰」：「迎汛大王除險境，驚鴻玉女誤佳期」；他寫「禪寺」和「幔亭」：「坐

▲ 格律詩集《平仄人生》封面和封底

禪於寺絕俗念，張幔為亨宴庶黎」⋯⋯他能把景點的形成及其歷史沿革探究得如此精微，描述得如此雋永，既彰顯了他的文字功力，更彰顯了他對祖國大好河山的無限熱愛。

他走到哪裡，都能把美攝入心底。美需要發現，而美的發現則需要有一雙慧眼。不管是盛景古蹟，還是名不見經傳的荒山小剎，在詩人眼裡都不乏詩情畫意。

第二輯為「鏡花水月（偶感篇）」，哲理詩詞盡顯其中。他寫《鄉諺》：「冬季若無雪，來年必瘦春。」；他寫《養花感悟》：「求取幸福須有道，全心全意愛他人」。悟性是一種智慧。實際上，人生有感悟，才算睡而醒著。孫長春是具有大智慧的詩人。

「偶感篇」中的八十餘首詩作，表達了詩人對世事的感悟、對人生的感悟、對生命的感悟、對情感的感悟。其實文字最大的功用，就是能給人以教益。詩人以自己的感悟，讓讀者少走了一些彎路，少陷入一些盲從。讀這樣的

作品，總能令人眼前發亮，心胸豁然。

第三輯和第四輯，分別為「詠物篇」和「紀事篇」。這兩部分作品是以「日記」的形式記錄了詩人平時的所見所聞、所思所想。從一百六十餘件作品中，可以看到詩人對事物觀察的細微，對細節問題探尋的深入和透徹。更加難能可貴的是，在詩人眼裡，生活本身就是一首詩，以致於一個玩偶、一件生活中的必需品都閃耀著詩性的靈光。比如《不倒翁》《觀一種煤》《葦》《詠鈣》等等，都在詩人的筆下具有其鮮明的特質與豐美的神韻。

在第五輯「一片丹心（題贈篇）」中，讀者更加品味到了「性情中人」的內涵。作為性情中人，詩人對身邊的親友關心備至、呵護有加，並把他們視作自己生命的一部分。他給予他們的愛，清澈透明，樸實無華。他對他們傾訴自己的心聲，那聲音輕輕地、緩緩地，像小溪、像清泉，滋潤著那一片片心田。他對父母、師長、兄弟、妻兒，都以自己的方式表達著自己的一份牽掛，賦予他們以堅定、果敢及自信。

第六輯「平仄人生」為自詠篇。這是一幅幅自畫像，其勾勒的，是詩人的思想、心態、人生觀、價值觀和世界觀。無論是生活的磨難，還是崗位的調整；無論是世事的順暢，還是人生的坎坷，在詩人看來，都是一種無形的資產、寶貴的財富。經歷就是經驗，教訓也是經驗之母。只要正視現實、面對未來，暫時的困難終究會被跨越。心扉若是打開，光明就會普照。

就《平仄人生》而言，單從他的思想性和文學的社會價值來評價顯然有失片面。其鮮明的藝術性，更是具有其賞心悅目的魅力。且不說《平仄人生》所收詩詞均為合律之作，單就其語言的流暢性及其特有張力，以及其意象的統一性極其豐富內涵，就著實耐人尋味，發人深思，給人以無窮的藝術享受。

《平仄人生》，是詩人心路歷程和人生軌跡的真實寫照。然而，這部作品卻絕不僅僅是詩人文化底蘊和創作功力的產物，它更是詩人在這喧囂的紅塵中所具有的、內心深處的那一份寧靜、那一份聖潔、那一份摯愛……唯其如此，它才更加讓人們折服，更加值得人們走近……

《遼砂詩詞集》

全景展現人生歷程，精心編織如歌歲月，是《遼砂詩詞集》的觀賞點。李平來先生在荒漠的西遼河感受到第一縷陽光，遼河水滋養了他的詩情，「廿年翰墨喜吟詩，苦辣酸甜幾友知。不懈持恆勤自勉，深含意境展新辭。」

貧寒的家庭環境，巨大的生活重擔，在他的記憶中，幼年的生活是壓抑是陰暗。但是這些陰暗和壓抑被他很明智地遺棄在記憶之外，他的心歷中少有灰暗的色彩，他把這些看作是人生旅程中的財富，是構建他高尚人格的基石。於是，他和他

▲ 《遼砂詩詞集》

的詩多是明亮的，陰暗與卑微是埋藏在西遼河的棄兒。家和故鄉是可攜帶的，他把家和故鄉生活的重擔化作生命的重量，帶著西遼河的漁火，帶著故鄉的光明開始了他青衿戎馬的軍旅生活。《念奴嬌・繼承光榮傳統》《卜算子・五月初度》《望江南二首・憶軍旅生涯》《觀凌河兩岸有感》諸篇章，詩句清新樸實，感情真摯細膩，內容充實生動，韻律和諧完善，堪為佳作。「紅霞天漫、軍旗戰宣、滾滾凌河、蝶鯉春芳、千里杜鵑、放歌幾盅……」這些詩畫的意象躍然紙上。於是，寫詩成為他生命的一種方式，這是他對詩的見解，於是他用詩放飛生命的激情，感悟時代的真善美。

魯迅先生在《題未定草》（六至九）中說：「不過我以為倘要論文，最好是顧及全篇，並且顧及作者的全人，及他所處的社會狀態，這才較為確鑿。要不然是很容易近乎說夢的。」基於此，讀者要進一步賞析一下李平來從部隊回

故鄉這些年的生存狀態與寫作生活。《青衿戎馬》四十六首，《孤燈獨飲》三十首，《家國情懷》八十四首，《文朋酬唱》六十五首構成《遼砂詩詞集》的幾個重要支點，也是人生之旅、如歌歲月的精彩篇章。詩人把自己的心靈感情，揉成很多色彩，他給予的每一片都是真誠的，都是帶著詩人心血，帶著詩人體溫的。《臨江仙・憶結髮妻》《憶江南四首・少年常游處》《家鄉吟》《雙遼市文聯迎春詩會》等詩篇，寫的情真意切，人貴自然真誠，文貴自然真實。李平來的詩文，最大的特點是自然真實。他只是把他的心有所感，情有所觸，從容平和地抒發出來，既沒有矯揉造作、故弄高深之狀，也沒有虛情假意、無病呻吟之態。

文學要以人為本，詩詞更要寫出人性之美。親情友情是《遼砂詩詞集》的最大亮點。《與文聯劉英偉主席、王立德、張惠民、顧鐵民、于占海先生共飲而賦二首》中寫道：「遼水揚砂捲浪掀，黃流急猛大風旋。心量百米五湖店，墨撒三江兩岸仙。把酒吟詩三更散，激情作賦六人聯。高談闊論杯頻舉，盡興還需日後延。」《十六字令三首・懷念戰友》《示侄兒篇》等可謂佐證。有人說，世界上最痛苦的莫過於兩件事，一個叫生離，一個叫死別。這些年來，生離死別的體察，在李平來的詩詞中時閃時現，濃郁的情結在詩人的筆下流淌、凝固。《哭悼迋學兄》中吟之：「驚聞噩耗泣無音，大野悲風喚故人。十載相知揚古韻，今朝只剩雅懷心。」《念忠民二首》《水調歌頭・悼友人》讀後亦催人淚下。

《柳下集》

「雁叫一聲透紫雲，微風拂綠草茵茵。春光飄落農家院，滿樹桃花香醉人。」這散發著濃郁鄉土氣息的詩句，出自雙遼詩人徐傑的詩詞集《柳下集》。

首先，《柳下集》具有田園詩風。他的詩中多洋溢著勞動者的喜悅，表現出的只有勞動者才能感受到的樸素的情懷和真摯的思想感情，且不乏陶公田園詩之遺風。「頭淋熱汗拋珠玉，背映驕陽爍古銅」，這是在《夏鋤》裡對農人頂著炎炎烈日鋤禾場景的真實寫照。此時，在詩人眼裡，淋漓的熱汗變成了珍貴的「珠玉」，也預示著農人艱辛的勞作必定換來珍貴的珠玉。「千苗千埯千重願，一抹一拂一炷香。」（《插秧》），作者用形象的語言描述，通過對插秧動作的傳神描寫，把辛勤勞作的農人對豐收的期盼融匯在「一抹一拂」之中。「佈陣橫勘橫作伍，點兵豎看豎成行。」這時的農人儼然成了一位發號施令、排兵佈陣的大將軍，手裡的秧苗是任其調遣的士兵。待農人直起腰身，抬頭望著一畦畦插滿秧苗、泛著波光的水田時，臉上綻開了笑容，慨嘆自己「織就青絲錦卷長」，有著值得驕傲的榮譽感和成就感。《扎笤帚有感》《做豆腐》《放羊》《養鵝》《割豆》等作品，都運用樸素的語言、白描的手法直抒胸臆，讀來使人感到親切自然，身臨其境，絲毫沒有刻意雕琢之嫌。

其次，《柳下集》體現了豐厚的文化底蘊。透過徐傑的詩行，可體驗其秉燭夜讀、遊歷山川、尋蹤閱史之勤勉與艱辛，因為其在詩中對一些古訓、先

▲ 詩集《柳下集》

賢、典籍的運用遊刃自如，信手拈來。「方碑九尺彰馮勝，圓廓一拔鎮六星」（《登勃勃吐山》），早年人們稱勃勃吐山山頂所立之碑為「二郎碑」，而徐傑沒有人云亦云，他經考證得知，此碑乃明初為征北大將軍馮勝記功之得勝碑。再如「凌空四塔沖牛斗，雄鎮三關御虎狼」；「常山吟唱英雄膽，燕趙悲歌壯士魂」（《正定懷古》）；「轅門未忘兵喋血，鐵炮曾聞吶喊聲」（《遊劉公島》）；「嘉峪升騰辭大漠，幽燕收勢踞雄關」（《遊山海關老龍頭》）；「躍馬橫刀征萬里，驅倭抗美抑強梁」（《懷念彭老總》）……這些詩句或激越雄渾，或撼人心魄，無不使人產生無限的遐想。

其三，詩味濃郁。「雪飄初夏驚遊客，花綻深春蔚古原」（《御道口風景區》）「青峰色秀松何老，碧水流長潭自深」（《冰峪溝》）「晨光蒼翠澄山角，夜色霓虹映碼頭」（《鮁魚圈》）「南雲斜落珍珠雨，北斗橫生琥珀光」（《游故鄉撫寧南戴河》）等等，這充滿韻味的語言描畫出山川的秀麗、壯美之勢，抒發了詩人對祖國的熱愛以及對美好生活的讚美與嚮往。「飄飛燕塞梨花落，漫舞秦淮柳絮揚」（《春雪》），這是在寫雪嗎？是的，詩裡雖沒有提到雪字，可是作者以浪漫的情懷、比興的手法把雪描繪成似梨花飄飛在燕塞，如柳絮曼舞於秦淮，使農人看到了豐收的希望，使讀者體味著借景抒情、以情誦景的詩之真諦與內涵。

鄉俗文學集《遼河歌謠》

丑石（郭澤輝筆名）蒐集、整理、批註、點評的《遼河歌謠》，在人們特別關注和熱衷於非物質文化遺產研究和保護的大背景下問世了，它以質樸、真實、原生態的形式呈現在讀者面前。

《遼河歌謠》收集了一百八十六首流傳在遼河流域人們耳熟能詳的歌謠，丑石把這一百八十

▲ 鄉俗文學集《遼河歌謠》

六首民謠按內容歸類分成了十五輯。《遼河歌謠》的創作主體是民眾，它以白話敘事的方式，記錄了遼河流域不同歷史時期的謠曲，原汁原味的採擷，輔以簡約中肯的評註，承載了關東文化一份濃郁的美麗鄉愁。

單就從它的封面裝幀設計上看，著實被兩個泥塑的人物形象感動了。姑且這樣認為，他們是遼河岸邊的父親母親。這一男一女泥塑組合作為《遼河歌謠》開篇力作，具有詮釋此書的作用，又有引申意義。

架構歸類彰顯出編著者用心良苦。舉凡十五輯，自「草原漫歌、遼畔謠曲、哀鴻低鳴、胡匪狼嗥」，到「破曉之音、文革遺說、鄙農流言、現世搖鐸」，由遠古洪荒漸至近當代，遵循了遼河流域史上漁獵、遊牧、農耕三類文化交融疊加的演變進程。而「規勸雜語、俚俗說道、鄉居聽雨、棒喝有聲、童稚短笛、孩提嬉戲、猜想世界」則由橫向視角，以近於古時「採風」的質感，讓讀者品味歌謠本真的意義。這種架構看似無意實具匠心，彷彿一幅筆墨山水，前者宏闊堪為背景，後者如小橋行人成近前景觀，化而為一成就整體。

《遼河歌謠》記錄了遼河流域不同歷史時期不同人物的不同心理活動。創作主體的廣泛性，創作內容的龐雜性，創作語言的豐富性，讓人們感受到了遼河流域文化底蘊的厚重。

《從軍出征》是描寫父母為兒子壯行場面的，沒有悲傷，沒有哀愁，「母

親接過玉杯的美酒，手指蘸酒彈向四方，祈求列祖列宗多多保佑，平平安安地早日還鄉」。樸實的愛、民族的大愛、母親的胸懷就這樣不加修飾地展現在讀者面前。

《薩仁其木格》狀寫了古時科爾沁蒙古族女孩子「悲遠嫁」的情境。「長在荒野上，是榆樹的命運；嫁到行程一月的遠方，是薩仁其木格的苦命」，感慨命運，記承歷史的同時，反映了少數民族婦女忍韌的品質。

一百八十六首歌謠，每一首都有「注」，這「注」字是「主人」的「汗水」。清代俞蛟說過「採風問俗，記載宜詳；品翠題紅，篇章爭麗」，「注」便是品和題。自然，沒有潛心研究、沒有深入的探索、沒有對泥土的熱愛、沒有對原生態文化的情感和責任，這「注」就很難讓民眾認可。

「一條油路兩崗樓，一條黑魚兩頭游」，丑石的「注」讓讀者對這位交警同志肅然起敬。他工作忙碌、他不辭辛苦、他愛崗敬業著實讓人們敬佩。幾十年過去了，對這位交警工作的讚許和肯定雖然不是政府的給予，但是民眾的認可更有一番意義。

也許民眾信口拈來的創作動機單純得很，但是大家不能不佩服植根於民間語言的凝練，民眾觀察的細微，民眾判斷的權威。

「人家騎馬咱騎驢，後面還有挑挑兒的」（《出門》）。丑石是這樣點評的，「人生是一個過程，一如前行。作為個體的我們，生活中各有位置，怎麼看自己的位置？關鍵是心態，強於己者、弱於己者都有，所以要知足，知足不是滿足現狀，不思進取，而是客觀一點看現實，穩健前行，自強而不是自棄、自虐。」

《遼河歌謠》凝聚了丑石的創作激情、哲學史觀、生活理念、理想信仰、是非觀念。積極向上，樂觀豁達的生活態度囊括其中。著名作家范小青說：「鄉愁不能刻意營造，要通過作者的實地尋覓、體驗、感悟，把情感融入文字，才能讓讀者身臨其境進而產生共鳴。」我們高興地看到，丑石通過《遼河歌謠》，真切地做到了這一點。

現代詩歌集《晴》

　　現代詩歌集《晴》是作者任小平第一本詩
集。書中集詩百餘首，分為五輯。詩歌是她生
活的載體，《晴》承載了作者詩意的生活和生活
中的詩意。任小平是雙遼起步較早的詩歌作
者，早在一九七三年她就在雙遼一中和市文化
館的宣傳欄上發表作品，一九七六年七月八日
《紅色社員報》發表了她的處女作《鋤禾》，現
代詩歌集《晴》於一九九六年出版。一九九九
年九月《晴》被中國地名雜誌社，中國名地名
人研究會評為一等獎，同時榮獲中國名地名人
稱號，並赴黑龍江電影城參加頒獎儀式。

▲　現代詩歌集《晴》

　　詩人追求的是完美的生活，而她實際生活是不完美的，不如意的，《晴》
表達了詩人心中對美好生活的嚮往和渴望，封面上一座大山似乎擋住了生活的
陽光，當「白天沒有太陽／夜裡沒有月亮／我黑色的眼睛尋不到光明」的時候
（《穿太陽衫的女孩》）她的渴望無法不在詩中渴望，她的企盼無法不在書中
企盼。她的生活是多麼的不如意，她只能用一件太陽衫，一首詩照耀自己心中
漫長的黑夜。

　　任小平在自己的詩歌文字中，極盡地接近自己的心靈和情感，《晴》穿越
了漫長的歷史年代，又避開了許許多多的歷史坎坷，一個人慰藉情感的失落和
滄桑，她在已經過了說愁的年齡，還把當年的愁說出來：「什麼也不要說／什
麼也不用說／讓我們就這樣默默地／默默地感覺／默默地思索內心的炙熱／是
怎樣釀成這會面的羞澀」。（《永遠的羞澀之一》）。也許這就是詩人情感殘缺
的一個夢，用夢來補償是詩人區別於常人所能做的選擇，而詩人在夢中欺騙自

己又總能獲得一種不被人知的滿足。這種滿足就是「得到的／失去的／只有自己理解」（《永遠的羞澀之二》）。就是「如果有一天／我夢的芳心／像秋葉一樣／凋零／飄逝／只要綻放你的一個眼神／就足夠我享用一生」（《永遠的羞澀之三》）。不知是痴心讓情感顯示出偉大，還是情感的偉大讓人更加痴心，反正是情感這說不清的生命鏈條，始終讓生命說不清的連接著，讓生命付出高貴的代價或燃燒成一縷找不到家門的魂魄。

在《女性世界》的詩行中，她將自己從現實的作繭中蛻變出來，選擇一條天空的道路，抱夢而去的一個精神側面。而面對另一半世界的重新審視。既暗含了「洗衣盆裡流逝了／她橫溢的才華／灶房爐火泯滅了／她心中的憧憬」（《女性世界之二》）的幽怨。在自己柔軟的臂彎裡又生出了「嚮往開拓／嚮往新奇／愛聽天空中飛翔的鳥語／敢愛／敢恨／感情真摯／勇敢地衝破一切腐朽的模式」（《女性世界之五》）的玫瑰刺的鋒芒。

另外，值得一提的是出書前的一次作品討論會上受到阿紅老師和於耀江老師的好評。阿紅老師為《晴》提詞，於耀江老師為《晴》作序。

任小平因《晴》有幸被魯迅文學院吸收為二〇〇〇年首屆作家班進修學員，畢業後留在魯院函授部工作，後因家事回到雙遼。在北京期間不斷有詩歌被選入《詩刊》《詩選刊》《中國詩歌精選》，曾擔任《行走的風景》、中華八喜杯、詩歌徵文大獎賽《獲獎作品選》的編委，擔任《世紀風》雜誌編審。

任小平的詩歌《兩盞燈》被選入二〇〇七年第十期《詩選刊》以後，在詩壇引起很大反響，同年，她被選為四平市作家協會副主席。《兩盞燈》「二種顏色的燈／像一男一女／隔著樓梯對望／說不定哪天／就會單獨吸滅一盞／不對稱是次要的／昏暗的次要的／我們擔憂的是／另一盞燈不會呼喊」。此詩受到著名詩歌評論家冉仲景的好評。

如今，任小平正在修改她的第二本詩集《楓葉正紅》，擬於二〇一七年出版。她心中那盞激情的燈，永遠照耀她金色的夢。

散文集《五味集》

　　《五味集》散文集裡收錄了王波近百篇散文、編輯了五個欄目。五個欄目，五種風味，視有五色、聽有五音、品有五味，故名《五味集》。該書是作者目之所見、耳之所聞、足之所履、身之所感、心之所悟的抒發，是對生活感受的吐露，對人生體驗的詠歎。在《往事鉤沉》《親情無限》《放飛心靈》《草原情思》等欄目中，描述了作者青少年時期的憧憬與追夢和奮鬥歷程。有童稚的天真，也有鄉村生活的樂趣；有讀書求學的感悟，也有草原上搞科研的人生五味。在繽紛繁雜的生活萬象中，他積累了豐富多彩的生活題材，沉澱了對社會、對人生的大量思考。透過《五味集》，人們可以看到，作者是一個有強烈社會責任感的人；是一個有強烈事業進取心的人；是一個有強烈家庭責任感的人。在近百篇文章中，對鄉情、親情、友情、愛情和草原情的細微精彩描述，占據相當重要的位置，體現出一個熱血男兒的赤子情懷。《故鄉戀》《憶父親》《母親是本書》《老家的老屋》《延伸的林中小路》《殺年豬》《我愛故鄉的蒲公英》諸篇中，抒發了他鄉遊子對故土鄉情的熱愛和眷戀之情。《親情無限》《放飛心靈》等十幾篇文章都是回憶、記敘作者祖孫、父子、母女、夫妻、戰友之間的生動故事，文字質樸、情感真摯，無處不滲透著對親人、友人、愛人的懷念之情，尊崇之情，

▲ 散文集《五味集》

感恩之情。正如作者在文中寫道：「骨肉親情，血濃於水，是人世間永遠也割捨不斷的」。讀完《五味集》散文集，對作者有一種肅然起敬、刮目相看的感覺。在《放飛心靈》《親情無限》等文章中，弘揚正氣，呼喚高尚，倡導文明，斥擊草原開墾濫牧現象，呼喚草原恢復生態，體現出作者「心事浩茫連廣宇，於無聲處聽驚雷」的社會責任感，充分表露了作者的性格、氣質、愛好、興趣、追求、褒貶情懷。《幸福從心開始》《只有會活才能不累》《感悟人生》《我心中的歌》幾篇文章，雖然文字不多，但都簡練生動地道出了哲理真諦，值得咀嚼回味。這對當代的人們如何面對生活，勤奮上進，創業敬業，都有著積極的導向作用。

　　鑑賞《五味集》中的華麗篇章，展示在讀者眼前的是一幅幅情趣盎然的生活圖畫。這些題目在別人看來，也許都是些卑微瑣事，可在王波筆下卻能凡中見奇，小中見大，給人以啟迪。由中可以看到，對生活的熱愛和豐富的積澱是作者的制勝法寶。王波四十餘年筆耕不輟才有今日的輝煌，有志於文學創作的人必須有一種持之以恆的精神，只有堅持不懈才能攀上文學的高地。

　　從《五味集》中還可以看出，作者善於根據不同的題材選擇不同的體裁，真正能夠做到文備眾體。四十年前王波只是一位媒體通訊員，只寫新聞稿件，但他勤奮好學，數年後開始嘗試文學創作並獲得成功。遊記、回憶錄，以小說筆法寫人物、報告文學、抒情散文都可以信筆而成。他在雙遼文學創作群體中是一位最富激情，最具影響的作者。他的作品屢見報端，也經常發表在當地的期刊上，受到讀者的廣泛讚譽。

文集《書錄昨天》

作家周國平在《時間和永恆》一文中說：「一切復活都在回憶中，一切超越都在想像中。」王述成的文集《書錄昨天》，可以看成是他以往生活和體驗的「復活」和「超越」。這本書是作者生命歷程和心靈體驗的真實記錄，也是時代變遷的形象描繪。他從個人經歷和感覺出發，不棄細屑的日常生活和個體經驗，在世俗世界裡尋找溫暖和亮色；更矚目社會風雲，觸摸時代的脈搏。他的表達疏離了主流意識形態的召喚和評判，而是服從於自己豐沛的體驗，但不失道德提升和價值判斷。因此，這本書不僅僅有文字上的內容表達，也有思想上的明朗和硬度。

《書錄昨天》全書題材形式多樣，內容鮮活深刻，意境幽遠別緻，是一部非常獨特的飽含生命情懷、政治情懷和人文情懷的精彩文集，讀起來令人感奮，益人心智。作品中情真意切的文字，注重日常生活和人情事理的描述，令讀者讀起來非常真切、明了，又非常自然而有意味。被視作一種精神財富，養眼養心。作者用一顆真誠善良之心，去寫人寫事，如《摟柴火》《年輕時的一段記憶》《那書那人那段緣》《那一年春節好暖和》《童年的池塘》……一片片純情、動人、淒美的散文佳作深深地感染無數讀者的心。

▲ 文集《書錄昨天》

在《書錄昨天》裡，「昨天」這個時間概念，既是線性直行，也是複線回流，作者在回憶中重塑了時間。時間，是顯影劑，在它的滋潤下作者以往的生活得以復

活，變得栩栩如生。讀者看到了一九五九年那場《瑞雪》的瓊瑤、一九六四年的《牧羊女》創業、一九七〇年《植樹》的感受、二〇〇四年《「紅色娘子軍」故鄉行》的步伐……也聽到了二〇一〇年《姊妹潭的歌》、《博來德冬韻》，二〇一一年《醉人的油菜花》《心向遠望》和二〇一二年《車隊司機的歌》……

這裡既有追求理想的澎湃激情、履行責任的道德人格，也有冬夜聚飲的世俗樂趣、妻賢子孝的人倫情懷……我們從中看到了作者的喜怒哀樂，心靈密碼。《書錄昨天》既是作者的靈魂圖譜，也是一代人精神遭遇的縮影。他們上山下鄉，受過貧下中農的再教育；他們都懷著聖潔的心理學習雷鋒和王傑，情感是真誠的、自願的，文集《書錄昨天》更懷念政治和心理真誠的時代姿態。

歷史和昨天也是當下，也是今天。因為作者筆下的以往，是經過主觀過濾的以往，是用今天價值標準和道德原則關照的以往。不論是對企業家的描繪，還是對除夕記憶的再現，不論是對名山大川的探訪，還是對企業文化的記述，都表達著作者的真情實感，滲透著奉獻、感恩、真誠、環保、珍惜等當代的普世觀念。作者重溫歷史，既是對傳統道德情操的訴求，也是對當代生活的提示。那些不經意的日常生活片段，那些平淡如水的細節和場景，都被作者納入審美的視野，顯示了作者化庸常為幸福的提純能力。散文的魅力說到底，是一種人格魅力的呈現，主題的境界決定著作品的境界。《書錄昨天》作者有感而發，守德而行。

《書錄昨天》總體上可以歸納到大散文的範疇。書中充盈著文體意識，講究表達策略。從整體敘述姿態上看，書中有散文的紛雜和詩歌的激情，也有闡述的哲學深度和雜感的理性力量，是一種跨文體的寫作。近年來，文學寫作在努力突破文體的界限，尋找各種題材的融合之路，可以把《書錄昨天》看作一種文體改革的試驗。書中精緻的布局謀篇，恰切的遣詞造句，也顯示出作者的敘述智慧和文學功底。

歷史小說《于鳳至——張學良將軍夫人》

　　《于鳳至——張學良將軍夫人》是一部用傳記文學手法寫成的歷史小說，所展示的是著名愛國將領張學良的夫人于鳳至女士將近一個世紀的漫長歲月所經歷的傳奇人生。本書作者魏連生將眾多豐富翔實的歷史資料加以分析研究和再加工，凝入自己的文學創作過程，終以自己的生花妙筆演繹成一部紀實性歷史小說。應該承認，成就這樣一部工程，沒有翔實的史料積累和深厚的文學功底，是難以做到的。令人欣慰的是，魏連生獲得了成功。

　　塞北古城吉林省雙遼市地靈人傑，孕育出不少在東北乃至中國歷史上名聞天下的歷史人物，于鳳至女士便是其中之一，她的金玉年華在雙遼度過，直到她經奉系軍閥二號人物吳俊升做媒與張學良結為伉儷後，才離開雙遼，邁上她更廣闊的人生舞台。于鳳至女士集德才貌於一身，堪稱是中國近代史上一位才貌兼備的女中典範。她深明大義，熱愛故土，傾心竭力助夫創業；她寬宏大度，忠於愛情，忠貞不渝；她芝魂蘭韻，大賢至孝，愛國愛鄉，始終如一。她的人生際遇，既有很強的傳奇色彩，又有中國近代歷史大舞台的強光投射，是史學家不可多得的研究對象，也是文學家極難尋覓的創作對象。

　　鑒於于鳳至女士多層面的人生價值，吉林省於一九九六年成立了由專家學者組成的研究小組，旨在

▲ 歷史小說《于鳳至——張學良將軍夫人》

推動學術界對于鳳至的成長歷程，對她在抗戰發動前後促進國共合作的積極歷史作用，乃至她長期熱心公益事業、孜孜教育子女等諸方面的成就進行綜合研究。魏連生作為史志工作者和研究小組的一名骨幹成員，在蒐集和研究有關文獻資料的過程中，艱苦採擷獲得許多重要發現。于鳳至女士的高尚情操、出眾的才華和深切的愛國熱情，強烈地撥動了他的心弦，使他萌發了不可遏止的創作衝動，終於創作成這部有文有質的紀實性歷史小說。魏連生的創作是他所從事的史志工作的延展，也因此使他具有一名史學工作者的巨大優勢，他是以史學的縝密、文學的生動，用二者的綜合優勢去透視和再現于鳳至女士的內心世界及其相關歷史事件的演變和發展過程的。因此，這部作品是以大量的豐富史料為素材，以近代史發展脈絡為主線，以小說的創作技法為手段，全方位、多側面地描繪出一幅大氣磅礡、場面恢宏的歷史畫卷，正所謂「忽如一縷清香發，散做乾坤萬里春」。

縱觀這部作品，讀者深為其一波三折的巧妙構思、扣人心弦的故事情節，栩栩如生、呼之慾出的人物形象，古樸凝練而流暢自然的語言所折服。可以毫不溢美地說，它不僅具有古典章回小說嚴整老到的特徵，而且具有現代小說的瀟灑和靈動。唯其如此，才更顯示出作者創作的重大突破，那就是既要符合史實又要敢於運用文學筆法去形象地再現歷史。當然，這本書的史學價值和文學價值如何，還有待相關專家和廣大讀者去品評，他們是更有權威的評判者。

二〇〇五年是中國人民抗日戰爭和世界反法西斯戰爭勝利六十週年，于鳳至女士紀念館恰在這一具有重要意義的年份落成，于鳳至女士的文學傳記又恰在這時問世，堪稱時逢盛世、適逢其時。

▌地情書《魅力雙遼》

　　為了迎接新中國成立六十週年，宣傳雙遼、擴大雙遼的知名度，雙遼市委組織部編寫了《魅力雙遼》一書。原史志辦主任魏連生為完成這部巨著，花費了一年半的時間，由他主撰的文章達三十萬字，占全書的二分之一。《魅力雙遼》收編了以當地歷史人物為題材的歷史小說如《虎子求鳳》《護國圖》《督軍愛妾》《雷光電火》《義勇驚雷》等多篇，結合雙遼的經濟、文化，收編了大量以著名企業家為題材的報告文學、文學隨筆，全面反映了雙遼的社會發展，不但具有可讀性，還具備史存價值。

　　這部大型地情書所以定名為《魅力雙遼》，主要有如下理由：

　　魅力之一，打開這本書就可以清楚地看到雙遼的歷史發展如火如荼，近代史上的每一時期都有代表性的傑出人物及突出事件。比如孝莊故里、奉系發祥地、東北革命老區這三點就很突出。把這些重量級史存形象化地記錄下來意義重大。

　　魅力之二，雙遼地緣優越，四通八達是獨樹一幟的。古有遼河水運，今有公鐵國路。吉林省已把雙遼規劃為西部門戶城市和中心城市，開放優勢、輻射優勢、流通優勢極為突出。

　　魅力之三，資源豐厚，物產豐饒，硅砂、電力、玻璃、農產品、畜產品生產潛力巨大。這本書以翔實的筆觸，對諸多方面都做了記述。

　　《魅力雙遼》出版發行後，引起

▲ 地情書《魅力雙遼》

強烈反響，社會普遍認為該書具有不可替代的價值。其一，歷史價值。此書話說漫談的風格，有別於志書只敘不描的古板面孔，見別人所未見，言別人所未言，闡幽發微，頗有見地，對讀者瞭解雙遼大有裨益。其二，文化價值。書中無論人物傳奇，往事軼聞，還是風貌勝景，都充滿地域文化和獨特的風土人情，閱讀這種質樸傳神的史實演義是難得的藝術享受。其三，教化價值。書裡的故事以淺托深，以微喻大，情節生動，立意深遠。人們，特別是青少年讀者會受到思想啟迪，情感陶冶，從而喚起愛土愛鄉，建設美好家園的情懷。其四，是現實價值。用這樣一部文采斐然的文史精品餽贈友人，對於擴大雙遼的知名度，促進招商引資，吸引更多的有識之士光顧雙遼，參與雙遼的建設是很有作用的。

《魅力雙遼》的結構設計也是獨具匠心的，其中每個單元的編序和閱讀驛站撰寫得都很精彩，這些精巧的構思和俏麗的文筆深受讀者喜歡。

文學作品集《盛世放歌》

　　《盛世放歌》是雙遼市文聯為迎接新中國成立六十週年，發動廣大文學愛好者共同完成的一部融政治性、藝術性、可讀性為一爐的文學作品集。主編任洪志，執行主編魏連生，張修青、李衍權擔任副主編。書中主要收編了現代詩歌、格律詩詞、散文、小說、報告文學和戲劇作品共三百餘篇。其中還以評論形式推介了多名作者已出版發行的書籍或主要作品。這本書近三十四萬字，體例新穎、裝幀精美、內容豐富，深受廣大文學愛好者的歡迎，產生了積極的社會影響，也得到了社會各界的普遍讚譽。

　　正如本書序言所說，打開這本書，一股清新火熱的氣息撲面而來，瀏覽一下就讓人比較清晰地看到共和國從成立到現在六十年的風雨歷程。一篇篇熱情洋溢的文學作品向人們昭示，沒有共產黨就沒有新中國；沒有中國特色社會主義道路就不可能富國強民。能在國慶前夕發行這樣一本書，如同提前綻放的火焰，提前奏響的樂章，提前開放的鮮花，是獻給共和國的最佳禮物。

　　這本書是好看好讀的，詩歌清新流暢，散文意趣橫生，小說情節生動，戲曲文采飛揚，其他單元也各領風騷，獨具妙筆，可以講真正是濃墨重彩地抒發了愛

▲ 文學作品集《盛世放歌》

國主義的高尚情懷。在強調思想性，堅持文以載道的同時，《盛世放歌》的內容攝取也很寬泛，從特定的角度、不同的層面展示了偉大祖國和家鄉的發展變化。談今昔變化，令人感動；論成敗得失，引發深思，許多篇什都值得一讀。不單以火熱的情懷謳歌了黨的英明、人民的豪壯、時代的進步，同時也記錄了「左」的影響所造成的危害，讀起來頗有滄桑之感，在淡淡的憂傷中體味到好日子來之不易，應該備加珍惜。

姓「文」是《盛世放歌》一書的突出特質。作為一本文學著作，它摒棄了新聞和史志直陳其事的寫作手法，更強調形象思維和藝術創作。入編的作品主要是現代詩歌、格律詩詞、散文、小說、戲曲等典型的文學體裁，靈活運用了描寫、抒情、議論、對話等各種文學表現手法，凸顯了生活真實和藝術真實的有機結合，充分展示了文學作品的藝術美。

《盛世放歌》的體例、架構和編排也有創新，每種體裁都配以單元小序，概述其精彩之處和特點。每個單元的隔段還彩插了名家的書畫、篆刻作品，裝幀十分美觀。

為了編好這本書，許多雙遼籍在外地工作的雙遼遊子，如張志誠、高萬年、常柏林、顧聯弟、王心明等都寄稿抒懷；當地作者也爭相把最有代表性的作品編入本書，如王大一的雜文，孫長春的格律詩，李岱蔚的小說，都在書中占據了重要位置。魏連生創作的雙遼史詩《遼河謠》獲得了雙遼市委宣傳部頒發的「五個一」特等獎。

雙遼文友一致評說，這是雙遼文聯數年來為振興地方文學所做出的最有意義的一件大事。

雙遼遊子群英集《俊采星馳》

《俊采星馳》由雙遼市政協、雙遼市委組織部、雙遼市文聯共同編輯出版，是雙遼有史以來在人文方面最具影響力，最具歷史傳承意義的一部書，是雙遼半個世紀的遊子群英譜。

此書的編寫從二〇〇七年開始啟動，從採編到出版歷時兩年。全書收錄了四百餘位雙遼遊子的生動業績資料，共七十萬字。

書中編錄的四百餘位遊子的業績資料生動具體，讀後甚感親切，深受鼓舞。在他們中間有土生土長的雙遼人，他們不忘遼河水的哺育，帶著濃郁的故鄉情結，胸懷大志，走向祖國的四面八方。在不同時期，不同領域，不同崗位創造了自己的輝煌，為故鄉爭得了榮譽。如文史學家田居儉，由一個在日偽時期到處漂泊的窮孩子經過奮鬥而成為一位全國聞名的學者，給家鄉帶來了莫大的光榮。他們中間，既有解放戰爭時期來到雙遼，為創建紅色政權的早期革命老前輩，他們戎馬倥傯，甘灑熱血，把火熱的青春獻給了這塊熾熱的土地。如焦子翔、齊文煥、丁永良都是這樣一些老同志，無論他們走到哪裡，在雙遼的戰鬥生活經歷都是他們最美好的回憶。也有新中國成立以後在不同歷史時期來到雙遼工作的領導者和建設者，他們客居雙遼，甘於奉獻，雙遼大地的巨變充滿著他們的智慧，浸潤著他們的汗水，鑴刻著他們閃光的足跡。至今，在雙遼還流傳著老書記雒錫俊帶領幹部群眾大搞方田林網的業績，雙遼人民永遠銘記著這些做過重大貢獻的人們。《俊采星馳》這部書無論從史存、資政、教化等方面，都承載著寶貴的價值。為宣傳雙遼，樹立雙遼形象，凝聚正能量，為雙遼今後的發展，必將產生極其重要的現實意義和歷史意義。

▲《俊采星馳》

新中國成立前後創辦的報刊

　　一九四六年四月，中國共產黨領導下的遼西文協遼源縣（雙遼縣前身）分會成立，一些名作家聚集雙遼，並開始編輯出版文藝刊物，培養和鍛鍊了雙遼本地眾多文學愛好者，這一時期是雙遼文學藝術發展史上的重要轉折點和里程碑。此後，雙遼縣文化館機構的設立，文聯組織的延續，保證了雙遼的文學藝術創作活動日趨活躍，通過文聯、文化館、史志辦創辦、編輯的各種報刊及作品集，刊載、保存了雙遼作者的大量文學作品。

　　《勝利報》　是中共遼西省委、中共遼吉省委和中共遼北省委的機關報。一九四六年元旦在遼西省（現遼寧省）法庫縣創刊。當時，陶鑄同志任遼西省委書記，他在向各地派幹部接管政權、建立地方武裝的同時，決定創辦一份報紙，作為省委宣傳政策、指導工作的工具。這份報紙定名為《勝利報》，這除了紀念抗日戰爭勝利外，還有一點來歷。據說陶鑄等同志離開延安赴東北前，曾去毛主席那裡告別，臨走時，毛主席握著他的手說：「祝你們勝利吧！」陶鑄同志牢記主席的鼓勵，以此為報紙命名，並執筆題寫了報頭。《勝利報》報社總編王名衡（天藍），副總編張仲純，編輯部主任殷參，編輯王尊佗、吳梅，記者顧明、江濤，協理員姬星波。報社駐法庫期間共出十期報紙，版面是八開兩版。

　　一九四六年初，國民黨反動派撕毀停戰協議，大舉進攻東北。《勝利報》報社根據中共遼西省委的指示戰略北撤，三月一日，由法庫遷駐中共西滿分局所在地遼源縣鄭家屯，同西滿分局機關報《民主日報》合併，延

▲《勝利報》報紙

▲《勝利報》報社舊址

續《勝利報》報名、期數，在鄭家屯出版《勝利報》第十一期，出版日期是三月五日，版面為對開兩版，間日刊。報社社長許立群，總編輯蘭干亭。從一九四六年三月初至五月二十一日，《勝利報》報社共出版報紙四十期（第十一至五十期）。

報社駐鄭家屯期間，由於一九四六年三月一日《勝利報》和《民主日報》合併，報社的人力、物力都得到了充實，尤以記者力量的加強，使報紙通訊工作也得到了改進和加強。先後共發展通訊員三十九名，共收到外稿一百七十篇，內容主要有：減租、增資、春耕、清算、剿匪、擁軍愛民、防疫、民主建設等。報社駐鄭家屯時期的工作人員有：許立群、蘭干亭、陳伯林、張仲純、黃照、吳梅、許大遠、鄭蜀（肖朗）、江濤，殷參、王尊佗夫婦在鄭家屯停留很短時間便調往齊齊哈爾。一九四六年五月下旬，我軍主動放棄四平、長春、鄭家屯，二十三日拂曉，《勝利報》報社由鄭家屯轉移到洮南。

一九四八年八月十六日，《勝利報》報社再次由白城遷駐鄭家屯，十七日在鄭家屯開始出報。至十二月中旬，又在鄭家屯出版九十五期。《勝利報》報社編輯部在鄭家屯期間，駐現雙遼市政務大廳東原菜籽商店的瓦房；報社的印刷廠在現雙遼市中醫院東側的原電影公司辦公樓。《勝利報》在解放戰爭的三年中共出版報紙七百二十期，為東北解放和推進全國解放事業做出了重要貢獻，並留下了大量的珍貴史料。

《民主日報》 一九四六年二月十五日，中共中央東北局西滿分局的《民

主日報》在鄭家屯創刊。對開兩大版，報頭《民主日報》四個字是分局書記李富春同志題寫的。三月初，以陶鑄同志為首的遼西省委到達鄭家屯，西滿分局決定《民主日報》同遼西省委在法庫創辦的《勝利報》合二為一，接續後者原來的刊名、期數，自三月五日在鄭家屯出版《勝利報》第十一期，《民主日報》共出不足十期即告終刊。

《草原》 文藝期刊解放戰爭時期由遼西省文學藝術工作者協會在雙遼創辦。一九四六年三月一日，來到雙遼工作的東北籍作家袁犀（李克異）、梁詠時（梁山丁）、白石（蔡天心）等人根據中共西滿分局書記李富春、政治部主任張平化等領導同志的指示，在鄭家屯發起成立遼西文藝工作者協會遼源縣分會。三月五日，大家商議在鄭家屯編輯出版文藝期刊，擬定期刊名為《草原》，想必是鄭家屯郊外那遼闊無際、生機盎然的科爾沁大草原給作家們帶來的靈感。四月七日，《草原》文藝期刊創刊號在鄭家屯出版，為十六開本，三十二頁，這是雙遼最早的文藝刊物。《草原》期刊在鄭家屯只出版一期，原因是國民黨軍隊在一九四六年五月下旬一度佔領鄭家屯，《草原》文學期刊編輯部先後轉移到了吉林省的洮南、白城和黑龍江省的齊齊哈爾市等地，《草原》繼續出版發行。《草原》自創刊後即成為革命作家和文學青年的創作園地，對雙遼乃至東北文學藝術事業的發展產生了深遠的影響。

《勝利報》 文藝副刊一九四六年三月一日至五月二十三日及一九四八年八月十七日至十二月三十日，中共遼西省委機關報《勝利報》兩度在鄭家屯出版，共出版一百三十五期。《勝利報》在鄭家屯出版期間，先後開闢《曙光》《遼河》文藝副刊，主要刊登活動在東北的作家和遼源縣（雙遼縣）文學愛好者創作的小說、報告文學、散文、詩歌、通訊等，其中有劉白羽、舒群、白朗、公木、江帆、謝挺宇、袁犀、梁山丁、嚴文井、蔡天心等著名作家或詩人的作品，作品內容反映了當時西滿地區的黨組織領導農民進行土地改革的鬥爭場面。《曙光》《遼河》副刊也刊登遼西文藝工作者協會遼源分會開展的各種活動，如文藝作品討論會、座談會的消息和報導。

《鴨綠江》　月刊一九四八年八月二十一日，中共遼北省宣傳部主辦的《鴨綠江》月刊，由梅河口遷至鄭家屯出版，共在鄭家屯出版三期，即三卷第二、三、四期，後遷至四平出版。《鴨綠江》月刊為綜合性期刊，但其發表的文學作品所占比重較大，有小說、報告文學、詩歌、劇本等。

《雙遼文藝》　一九五八年，雙遼縣深翻指揮部宣傳組創辦了雙遼縣內部文藝刊物《雙遼文藝》，共刊出二期，發表本縣作者創作的詩歌、歌曲、小說、曲藝、二人轉、劇本等作品，內容主要是宣傳「大躍進」。深翻結束後，《雙遼文藝》即停刊。

《遼水文學》　一九七二年，雙遼縣文化館創辦內部文藝小報，亦命名為《雙遼文藝》，為四開四版，不定期出版。主要發表雙遼縣作者創作的小說、散文、詩歌、故事、曲藝、劇本等作品。《雙遼文藝》小報共印發九期，後停刊。

《雙遼日報》　一九九六年一月創刊，為雙遼縣文聯主辦的吉林省內部文學期刊，十六開本，雙月刊，逢雙月十日出版，在吉林省各市、縣、區發行與交流。《遼水文學》為綜合性文學期刊，其發表的部分小說、詩歌、散文作品曾被河南、河北、內蒙古、遼寧、吉林等地的報刊雜誌採用，有部分知名作家和雙遼籍的遊子英才常在《遼水文學》上發表新作。

文學副刊一九九三年起，雙遼縣委主辦的《雙遼報》（後改稱《雙遼日報》）一直闢有文學副刊，刊登小說（包括長篇小說連載）、散文、詩歌、雜文等作品，多為雙遼縣作者所作，還不時轉載國內文學藝術界動態、文化界人物通訊等。

《雙遼群眾文化》　一九九五年創刊，由文化館編印，不定期出版，十六開本。《雙遼群眾文化》為綜合性文化刊物，所刊登的小說、故事、散文、詩歌、春聯、雜文等作品所占比重較大，多為雙遼作者所作，另外，也刊登文化工作論文和通訊。至二〇〇〇年底，《雙遼群眾文化》共刊出四期。

曲藝活化石——雙遼太平鼓

太平鼓，也叫單鼓。相傳唐太宗李世民為祭奠隨其征戰死於沙場的亡靈，安撫被其殺戮的鬼魂，編制了一套宮廷歌舞儀式，用以祈禱天下太平、風調雨順。祭詞由一人領唱，眾人相和，擊鼓伴奏，邊歌邊舞，是為「太平鼓」。又因歌舞者手持蒲扇型鐵柄單面鼓，手柄上有鐵環若干，所以又稱「單鼓」。還有傳說單鼓為周文王所製，即所謂「文王鼓、武王鞭」之說，如依此說，單鼓產生的年代就更為久遠。種種考證都足以說明，單

▲ 太平鼓

鼓藝術是中國古代各民族間文化融合的見證，並一直流傳至今。

太平鼓舊時一般在祭祀活動、婚喪儀式或節日慶典上表演。表演時一人手持小面鼓，領舞領唱，眾人手持大面鼓邊舞邊和。擊鼓的竹片下綴長穗兒，稱「鼓鞭」。頂板擊大鼓，過板擊小鼓，帶響環。小面鼓鼓聲清脆，大面單鼓鼓聲渾厚，響環悅耳動聽。伴奏者在後場，用民樂伴奏。唱腔多吸收東北民歌、皮影、二人轉、東北大鼓的曲調，唱詞則分為內路鼓、外路鼓，計二十七回。

太平鼓表演風格獨特，藝術感染力強，悲則催人淚下，喜則令人歡歌。用於祭祀，莊嚴肅穆，數盡故人功德人品；用於賀喜，妙語連珠，聽者順耳舒心。新中國建立之後，太平鼓詞則有了歌頌新中國的新內容。

清道光年間（1821-1850 年），單鼓藝人姜氏一族在關內作藝時「犯禁」，得罪了官府，成了罪民，僥倖當年的「文字獄」已非如康雍乾三朝之盛，而保住了全家性命，被發配到了關外。當年東北人煙稀少，氣候條件十分惡劣，姜氏一族著實吃了不少苦頭。一家人扶老攜幼，沿著官道流浪，卻找不到立足之

地，無奈只得重操舊業，一路賣藝乞食，所幸東北民風淳樸，民間所信奉的薩滿，又與單鼓藝術有一定的淵源，姜氏一家又依據所瞭解的當地風土民情，對其所表演的單鼓從內容到形式都做了相應的改造，吸取了東北廣為流傳的民間小調和二人轉唱腔，使之逐漸適應了東北人的欣賞口味和習慣，總算闖出一條活路。

過去，曾有一幅名聯道出了處在社會底層江湖藝人的艱難生涯，叫作「年年難唱年年唱，處處無家處處家」。在那個年代裡，以單鼓為生的姜氏一家背包挑擔，歷盡坎坷，飽經風霜，舉足滴滴血，步步淚相隨。在四處漂泊中，新一代呱呱墜地，嗷嗷待哺，老一代路死路葬，溝死溝埋，雖說香火未斷，卻也只能保住一枝兒興旺。在半個世紀的歲月裡，一家人始終吃著張口飯，生生不息，得以延續。傳到姜福鳳這一輩，已是二十世紀二〇年代。進入民國時期，「姜家班」才有了一點名氣，開始有人來請，舉家來到遼源縣（現雙遼市）永

▲ 太平鼓基礎樂件——響鈴

加鄉望杏村，在大地主徐萬增家一間廢棄的碾坊裡落腳。農忙時給地主打短工，農閒時仍四處賣藝。無非是應大小戶人家燒香祭祖、婚喪嫁娶、添丁進口、生日壽辰、消災驅邪、賀年慶節等民俗活動之請，演出還算紅火，收益全憑東家賞賜，值與不值，均得笑臉稱謝，全無討價還價餘地。遇有刁惡挑剔之人，冷面白眼，惡語中傷，只能忍氣吞聲，低聲下氣，還要施禮賠情。可憐江湖藝人的諸多無奈，誰能體會。好在此時的姜家班在遠近百里內聲名鵲起，家裡有了衣食之外的結餘，並看中茂林東北的一個小村莊大五段，舉家遷往此地，在那裡蓋起了五間土房，總算有了定居之所，而大五段自有了姜家班後也遠近聞名了。

▲ 表演隊部分成員合影

姜福鳳有六子，老大姜殿奎、老二姜殿甲、老四姜殿海、老六姜殿貴均繼承其衣缽。外甥李振文、屯親潘文學也加入姜家班，一班人忙時務農，閒時作藝，雖比不得殷實富豪之家，但比起浪跡天涯的前輩們，生活已如「天堂」一般。粗布舊衣已能遮體，糙米稀飯已能充飢，五間土屋在只有幾戶人家的小屯兒已經是最大最寬敞的建築物了，屋裡雖沒有什麼值錢的擺設，但東西兩屋的連二大炕，足以讓一家子人睡得安逸，只是一家人終日忙碌，即便是年節也難得聚在一起共享天倫。

冬季是東北農民相對悠閒的季節，民間稱為「貓冬」。這往往是東北莊稼人請客、相親、婚嫁、祭祖的時段，更不用說臘月和正月裡的熱鬧事兒了。藝人們為了生計，不得不披星戴月，頂風冒雨或踏雪履冰，步行百八十里趕場。只是偶爾能坐上大戶人家接班子的大馬車風光一回。可苦歸苦，有「活」可接才是做藝人最大的快樂。

一九四七年，雙遼解放後，姜家班的成員都在土改中分得了土地，成了地

道的農民。而由於民風民俗的改變，單鼓藝術已沒有了市場，姜家班自然偃旗息鼓，不再四處演出了。但每到年節或集會之日，都會應眾人之請登場義演。有的還跟著專心學藝，其樂融融。一九五三年，為弘揚民間藝術，由文化部召開第一屆全國民間音樂、舞蹈會演大會。大五段的太平鼓名聲在外，自然成了遼西省的首選對象，確定其參加全國會演。在大五段選中三位民間藝人進京，此事一時成了雙遼縣的榮耀。

▲ 姜殿海演示太平鼓動作

一九七七年，為挖掘整理民間藝術，舉辦全縣民間藝人會演。茂林公社決定恢復太平鼓藝術，具體組織工作自然由大五段所在的育林大隊承擔，並將在茂林糧庫當工人的老四姜殿海請回村裡擔任導演和領舞。巧的是年輕的大隊書記也是一個太平鼓愛好者，精明能幹，做事雷厲風行，一邊請匠人做鼓，一邊挑選從小都受過太平鼓薰陶的年輕男女十餘人進入排練。大家的熱情極高，連遠離家鄉的姜家老大姜殿奎也聞訊從東遼趕回家鄉觀看、指導，年逾八十的老藝人感慨萬千，歸去後不久，含笑仙逝。

育林大隊的農民太平鼓節目在雙遼縣民間藝人會演大會上的表演極為成功，引起了吉林省、四平市藝術館的高度重視，民間藝人姜殿海也一舉成名，成為眾多文化工作者頻頻采訪的對象。此後，根據姜殿海等人口述整理的《吉林單鼓》一書出版，並有數篇論文刊出，太平鼓姜家班也被載入了《雙遼縣志》。

一九九五年，四平市鐵西區文化館表演隊特聘姜殿海教授太平鼓鼓藝，時間近一年。後來，太平鼓成了他們的保留節目。一九九六年六月二十八日，雙遼市舉辦撤縣設市慶典演出，特邀四平市鐵西區文化館表演隊表演太平鼓，育林村的姜殿海以七十歲高齡登台獻藝。老人家上台後很是興奮，兩手各執一面鼓，上下翻飛，博得台下陣陣掌聲。

二〇〇五年十二月二十二日，國務院下發《關於加強文化遺產保護的通知》，對非物質文化遺產下了這樣的定義：非物質文化遺產指各種以非物質形態存在的與群眾生活密切相關，世代相承的傳統文化表現形式。按此定義範疇，存於茂林鎮育林村的雙遼太平鼓當屬非物質文化遺產，自然在保護之列。

自二〇〇六年起，雙遼市文化部門重新組織人員，深入育林村，再訪孤果僅存的老藝人姜殿海，整理了一套資料，攝錄了一套照片和表演圖像，對老藝人的口述進行了錄音，也弄清了雙遼太平鼓的傳承譜系，根據姜殿海本人意願，確定其孫女姜麗為其下一代傳人。之後，即按照申報程序和要求正式申報。二〇〇七年四月經吉林省人民政府批准，雙遼太平鼓成為吉林省第一批非物質文化遺產項目，名錄在二〇〇七年四月二十五日《吉林日報》上公布。隨後又根據上級意見，雙遼市文化部門正著手向國家申報雙遼太平鼓為全國第二批非物質文化遺產保護項目。

在雙遼，太平鼓藝術不僅成為保留節目，而且被開發為健身娛樂項目。這株傳統藝術之花在表演風格上也有別於東北及國內現存的幾種太平鼓，可以說是獨具特色，充分地展示了雙遼市的文化底蘊和文化色彩。一通太平鼓打過，聞者會對雙遼市留下深刻的記憶，民間藝術的感染力實在不可估量。

▲ 二〇一二年「文化遺產日」太平鼓表演現場

草根藝術——驢皮影

驢皮影大至於二十世紀之初傳入雙遼，雙遼的驢皮影與唐山驢皮影有一定淵源。興隆鎮耕耘裡屯的董氏家族董煥及其父親、裴英等當年都是著名的皮影藝人。茂林鎮桂花村在二十世紀五〇年代也長期活躍著一支皮影藝人，崔良、徐生、鄭國志等演唱皮影都小有名氣。

驢皮影又叫皮影戲，因為它的表演程式和戲劇是相通的，雖然以「影人兒」為表演主體，其人物也分生旦淨丑等行當。旦角用小嗓演唱，淨行即花臉用粗獷的聲音演唱，小生、老生的唱法也有明顯區隔。伴奏文場一般用大小兩把四弦胡，以不同的定調拉和弦，十分動聽。武場與戲劇的武場相同，主要樂件是單皮、鐃鈸、大鑼，通用傳統的戲劇「鑼經」。

「影人兒」一般用驢皮(薄而透明)刀刻而成，面部表情栩栩如生，頭飾頭盔造型美觀，但多是側面形象，著色打蠟後，燈光一晃光鮮靚麗，美女怪男個性鮮明。「影人兒」是身首分開的，影身只有幾套，人頭可以隨時更換，「影人兒」的手腳，包括馬匹都與秸稈相連，以使用於操縱，動作十分靈活逼真。

皮影的劇本叫作「影卷」，多是用毛筆抄錄，演唱時，幾位演員一面耍弄「影人兒」，一面照卷說唱，相關角色密切配合，形成「一棵菜」，唱念做打妙趣橫生。對話用韻白，唱腔有不同的調式和板式，用以表達不同的人物情感，可詠可嘆，可悲可喜。影調華麗悅耳，深受百姓喜愛，在農田勞作時也可以隨口唱幾句。

演驢皮影是用幾米長的矩形白布做影窗，裡面用幾盞煤油燈（時稱保險燈）或汽燈作投影光源，當然後來也發展為電燈。燈光把「影人兒」照在影窗上，表演各種動作配以演唱，觀眾在外面看。經常上演的劇目有《鐵樹開花》《五風會》《楊文廣徵西》《楊金花奪帥印》等等，深受群眾歡迎。

演驢皮影多是在麥收時節，或有什麼喜事需要慶祝時才開箱唱影。那時農

村文化生活貧乏，請影箱子唱影就是最熱鬧的文化活動。皮影都是連本戲，一唱就可以連續唱幾天，甚至是十幾天。演唱當中需要休息或調整劇務時，就用兩個特殊的「影人兒」出來插科打諢，這兩個「影人兒」一個是「大禿哥」，一個是「大下巴」，可以表演快板、數來寶兒、對口相聲、講幽默故事，十分滑稽逗樂，還可以用它把屯裡要宣傳的事說出去。

　　近年來，皮影戲不再那麼盛行了，但是，作為一種文化遺產，已被記錄在文化發展的史冊上。

▲ 皮影戲「影人」造型

化腐朽為神奇的根雕藝術

雙遼市地處遼吉蒙三省區交界處，山水林田交錯，是多民族聚居的地區，孕育了眾多民間藝人。無論是市裡舉辦的「民間藝術展」還是「書法美術展覽」，或是「農民藝術節」，都有民間藝人的精品佳作展出，使展覽豐富多彩，錦上添花。作品有八旬老奶奶親手製作的滿族服飾，林業工人用樹枝、樹皮、樹葉黏貼的「風景畫」，年輕人的「十字繡」，扎搭藝人做的樓、台、亭、閣等，但最出彩的還是根雕，堪稱雙遼民間藝術的一朵奇葩。

根雕藝術，因形琢物，似像非像，千姿百態，惟妙惟肖。通過各類藝術展覽使許多根雕愛好者著了迷，他們拜師學藝，相互交流，還組建了多家工藝美術社和根雕藝術組，現正在籌建根雕藝術協會。在眾多的根雕藝人之中，鄭家屯博物館館長劉欣的根雕作品最為突出，他知識豐富、多才多藝，對根雕情有獨鍾，不但數量多，而且品位高，參展的作品有多姿的「舞女」，大嘴的「河馬」，凶猛的「鱷魚」，威武的「關公」等。

十多年來，劉欣一門心思把業餘時間全都用在鑽研根雕技藝上。對根雕作品，他力求精益求精，大量收集根雕的原材料，別人燒火用的劈柴和廢棄的木頭疙瘩，他視為珍品，就連風蝕雨淋的樹根他也當成寶貝拿回家中。一有空閒，他就對這些「寶貝」翻來覆去，巧妙構思，精雕細琢。經過十幾年的苦心鑽研和琢磨，他終於雕出了名堂，雕出了「寶貝」。為了省工省時，快速雕出作品，他還把別人廢棄的電器零件改

▲ 根雕：牛

裝成各種電動雕琢工具，用起來得心應手，使家中的枯根朽木展翅騰飛。十幾年來，他完成的根雕作品有百件之多，小的掌中握，大的一兩米，件件是珍品，樣樣都出奇，擺滿了家中各個角落和庫房。小的有筆筒、煙灰缸、小動物等，大的有運籌帷幄的猴子、橫衝直撞的勁牛、笑我天下痴的濟公、騰飛的巨龍、嚴陣以待的藏獒和決鬥的山羊等，都巧奪天工，栩栩如生。在二〇一三年四平市舉辦的「東北三省民間藝術展」會上，他大顯身手，十幾件作品占了三個展台，榮獲東北三省大賽一等獎。

▲ 根雕：猴

　　劉欣一舉成名，信心倍增，他在根雕的藝術道路上堅定前行。

▲ 根雕：羊

匠心獨運的民間剪紙

剪紙藝術在雙遼有著悠久的歷史。每逢新春佳節或是哪家辦喜事，人們都會和老奶奶一起學著剪掛錢兒和窗花，圖案多是福、祿、壽、喜，恭喜發財、恭賀新春、吉慶有餘等吉祥圖譜、文字以及民間故事，如「天仙配」「牛郎織女」「劉海戲金蟾」等以示喜慶、美好和吉祥。這些優秀的民俗文化在「文革」期間定為「四害」被叫停。改革開放後，這些草根藝術枯木逢春，山花爛漫。優秀的民間藝術如雨後春筍破土而出。有一技之長的老人們紛紛拿起剪刀，把美好的心願和祝福剪出來，貼在窗戶或牆壁上，有的還手把手的把這一民間技藝傳授給下一代，使雙遼的民間藝術快速發展起來。每當春節到來之際，在年貨大集上，單是對聯和掛錢兒、剪紙就占

▲ 剪紙作品

了一條街，讓人們眼花繚亂、喜笑顏開，爭相購買。其中最優秀的要數向陽鄉青年農民王連玉的剪紙作品。他的剪紙作品構思巧妙，結構靈活，線條明快細膩，代表作有「天女散花」「麒麟送子」「躍馬爭春」「吉慶有餘」和「紅樓夢繫列人物」等，這些作品深受人們的喜愛，拿到家中捨不得貼，或贈送好朋友，或裝在鏡框裡，有的乾脆收藏起來，家裡來客人時才拿出來展示，把王連玉的剪紙作品當成了「寶貝」。

提起王連玉，要從二十世紀八〇年代說起，他受父親的薰陶，酷愛剪紙藝術，可他一個種地的農民，一雙粗壯的大手，如何能把父親的剪紙藝術傳承下來，他下了一番苦功。在當時農活是很繁重的，他利用一切空閒時間鑽研剪紙技藝。要想剪出精品，首先要設計和構圖，沒有深厚的文化底蘊，沒有精湛的書法和繪畫藝術，是很難設計出圖譜的，為掌握這些基礎知識，他起早貪黑、廢寢忘食、苦心鑽研。經過幾年的刻苦練習，功夫不負有心人，王連玉真的剪出了名堂，他的剪紙作品多次在吉林省、四平市舉辦的民間藝術大賽上獲獎。一九九五年，經市文化館提名，王連玉與日本民間藝人訪華團在四平市進行了交流。得到了日本知名藝人日野典子的好評，二人互贈剪紙和美術作品。從此，王連玉的名字家喻戶曉，在雙遼歷屆舉辦的「民間藝術展」「書法美術展」和「農民藝術節」上，都有他的經典剪紙作品，得到雙遼社會各界的一致好評。

▲ 剪紙作品

▌創意新穎的葫蘆畫

　　二十世紀八〇年代，烙畫藝術在雙遼悄然興起。很多美術家都棄筆從「烙」，開始在木板上烙畫，更顯金石工藝，丹青風韻。趕時尚的年輕人，結婚時的家具必請名師烙畫。一些有文化品位的人家，還請名師烙烙大幅的花鳥和山水畫，以示文雅。當時在雙遼就有專門從事烙畫的「無墨齋」工藝美術社對外服務，後來一些藝人又把電烙鐵轉移到葫蘆上。葫蘆在中國民間被視為寶貝，先天就是個吉祥物。有著紮實書法和繪畫功底的新立鄉農民王德華，首先在葫蘆上打定了主意，決心要搞好葫蘆烙畫這一大眾喜愛的民間藝術。

　　王德華是一個很有心計的年輕人。為把葫蘆烙畫這一民間藝術學成學好，他把自家的小院幾乎全都種上了葫蘆，對葫蘆的管理他也是獨具匠心，在生長

▲ 葫蘆畫作品

期他就依據葫蘆的長勢、形態，刻意用布條或鞋帶勒出各種條紋和造型，以便後期燙畫和製作。在葫蘆上燙畫不比平面，他反覆琢磨、用心鑽研，先依據葫蘆的形狀做成茶具、酒具等各種器物，然後再燙上山水、花鳥、人物和花紋等各種圖案，使葫蘆古色古香、錦上添花，成了真正的寶貝。這些作品在雙遼市舉辦的「民間藝術展覽」會上一亮相，就受到參觀者的交口稱讚，並得到名家的好評，參展作品獲得一等獎。

通過這次展覽，促進了雙遼市民間藝術特別是葫蘆燙畫藝術的發展。很多人向王德華拜師學藝，做起了葫蘆燙畫。在二〇〇八年「雙遼市慶新春迎奧運」書畫展覽大會上，就有許多人拿出葫蘆燙畫參加展覽，王德華的作品獲得一等獎。從此，在雙遼市舉辦的歷屆書法、美術展覽和藝術節上，都為王德華和他的學生們設立葫蘆燙畫專櫃，每次參展的葫蘆燙畫作品創意新穎、圖案精美，受到評委和參觀者的一致讚許。在二〇〇四年長春市舉辦的「巧手之星」大賽上，王德華現場在葫蘆上燙畫，他巧妙的構思，精湛的燙畫技藝受到在場專家的好評，作品榮獲三等獎，並被授予「吉林巧手之星」榮譽稱號，燙畫過程和作品還被吉林電視台和雙遼電視台做了專題報導。王德華的葫蘆燙畫作品被雙遼市文化館和鄭家屯博物館收藏。

▲ 葫蘆畫作品

第六章——

文化風俗

以典籍形式存在的文化是文本文化；而那些由人民群眾在千百年的生活閱歷中
從自然和社會中所獲取的認知，在公信力的呵護下，在民間持久奉行的文化現
象則稱作生態文化。隨著社會發展的不斷揚棄，生態文化秉持著族群所推崇的
價值取向乘勢躍升，它對子孫後代和社會風俗的釀成發揮著傳承和教化作用。

年節習俗講究多

中華文化博大精深，光是年節習俗就足以讓人驚嘆不已。本來年節都是在曆法的某個節點上構成並傳承的，這本身的講究就不少。何況過來過去又平添了許多典故，於是中華民族別具一格、獨有特色的節俗文化便產生了。過年過節，人們享受的不只是物質美，精神層面也五彩紛呈。

年的教化功能遠高於享樂　　古怪離奇的傳說是那麼富於想像，以團聚、喜慶、熱烈為特質的「年」居然是一個怪物。它怪得那樣猙獰，又怪得那樣怯懦。傳說這個怪物長期藏身海底，只等到了除夕才出來殘害生靈，飽餐一頓。這傢伙太可惡了，它一來便把人們嚇得東奔西躲不得安生。然而，凡是邪惡的東西總會有降它的力量，一位神奇的「老叫花」知道怪物的軟肋，這個凶殘的傢伙一怕紅火，二怕炸響，於是治它的辦法就有了。除夕夜紅燈高掛，門首貼

▲ 焰火

上大紅春聯，庭院燃起篝火，這麼幾招兒就把「年」給嚇跑了。「年」跑掉以後剩下一套文化習俗就是我們真正想要的「年」。

孩提之時，過年是個多麼令人嚮往的事情，好像人們一天天日出而作，日落而息，一年四季辛勤勞作就是為了這個年，只有到了年下，才能真正評估一家人日子到底過得怎樣。一過臘八，外出的遊子立刻踏上歸程回到家中與家人團聚，只有鎮守邊關的將士還堅守在崗位上。

年關是回首過去開創未來的轉折

點，人們總是要在這些日子裡盤算得失，準備在新的一年邁出新的步伐。年似乎是一種動力推動著人們向更高的目標攀升。

年更讓人感到新奇和愉悅的是那一套豐富多彩的年文化，學養再高的人也無法詮釋年文化的所有內涵，因為「年年歲歲花相似，歲歲年年人不同。」但其中對神的敬畏反映了天人合一的理念，告訴人們千萬不要為所欲為，還有神靈在監視著你。實際上，所謂的各路神仙的法力就是大自然的神威，誰觸犯了自然規律，誰就要受到懲罰。所以給天地、給財神、門神燒的幾炷香都是在給晚生下輩看，不要亂來喲，這好比就是一種訓誡，告訴子子孫孫千萬不要逆天行事。

敬鬼神的同時還要敬人，親情互動是過年的主旋律。中華民族崇尚一個「孝」字，不但要供奉逝去的祖宗，慎宗追遠，作為晚輩還要叩拜老人，報答父母那份養育之恩。過年更是走親訪友的大好時機，對鄰里、同志、朋友相互揖禮問好，深表彼此關切，展現一種和諧氣氛，否則就要在親友間，生活群落

▲ 老人們興高采烈的扭起迎春秧歌

中失分減彩。這種親和禮俗往往都是在過年時集中培植起來的，只有過年這些日子人們才能擱置一切恩恩怨怨，忘卻一切煩惱，彼此傳遞的都是和諧友善的正能量。

過年更是凸顯新衣美食的時刻。一到過年，大人孩子總要把衣服鞋帽更換一次，哪怕是破衣服也要洗一洗，補一補，讓人的精神面貌煥然一新。至於殺年豬、宰年雞、發麵蒸饃自不必說，還要捨得花錢購買一些平時不大享用的乾果海鮮，家家的餐桌一下子升華了許多。當然好酒是必不可少的，特別是年夜飯那頓餃子和菜餚一定是全年最高檔的一餐。那好像是為新的一年立個標竿兒，生活就要朝著這個樣子邁進。除夕夜大人給孩子壓歲錢，孩子對大人的禮拜體現了長幼之間其樂融融的愛意。所以年在人們的心中是一座不可動搖的豐碑，無論是太平盛世，還是兵荒馬亂，人們都要想辦法過好年關，這就是年的魅力所在。

元宵節意涵深刻　無論什麼時代，元宵節都是一個充滿詩情畫意的節日。它，內涵豐富，浪漫多姿；它，光彩四射，快意無窮。

元宵節的來歷撲朔迷離，有一個版本，說是那位任俠怪才東方朔，為了成

▲ 元宵節綜合晚會現場

全宮女元宵的思家之情，助其與母親見面才智設燈節。他對漢武帝說算定正月十五長安城要失大火，只有全城放燈才能免去火災。正月十五不但要放燈，還要吃元宵，為的是讓人紀念那位孝心的宮女。但史料記載，元宵放燈的習俗真正興起是在西元五八至七五年漢明帝年間才從宮廷走向民間。到了唐朝適逢盛世，更加興隆。時至宋代，元宵節燈飾的奇幻精美又遠勝唐代，張燈結綵的時間也越來越長。到明朝時，放燈時間由正月初八延長到十八，整整十天之多。清代滿族入主中原之後，宮中不辦燈會，但民間依然如舊，可見元宵節的生命力該有多麼強大。元宵節又叫上元節，傳說是天官紫微大帝賜福的日子，因此要放燈。燈火的意旨，當然是象徵著光明與紅火，人們祈盼蒸蒸日上。

元宵，就和端午節吃粽子、中秋節吃月餅一樣，是正月十五的標誌性食品。這種食品最早的名字叫「浮元子」，生意人還美其名曰「元寶」，民間通稱元宵。元宵以白糖、玫瑰、芝麻、豆沙、黃桂、核桃仁、果仁、棗泥等為餡。用糯米粉包成圓形，可葷可素，風味各異，是一種充滿「吉祥」祝願的食品。可是，到了一九一六年，袁世凱改元稱帝，出了一個小插曲，正月十五這天，袁大皇上聽到了滿大街都在喊「元宵」「元宵」，這還了得？一時龍顏大怒，命令把北京城所有喊「元宵」的人都抓起來問罪。幸虧有一位大臣及時作瞭解釋，老袁才知道是自己做賊心虛。又一想，這也不行啊，這元宵和「袁消」發音相同，多麼不吉利呀。他叫來幾位大臣一商議，既然這東西要帶著湯吃，又是圓溜溜的，就叫它湯圓好了，誰要是敢再叫它「元宵」，格殺勿論。他哪裡知道，當他這個「袁」真正「消」了之後，元宵的名字又復活了。

元宵節還是一個充滿愛情色彩的節日。這項民俗在封建社會條件下為青年男女留下一個彼此傳情說愛的通道。舊社會女孩平時是不允許出外自由活動的，情竇初開不和外界接觸，要找到自己心目中的白馬王子談何容易？但到了正月十五元宵節這一天卻是個例外，女孩可以結伴出遊。這樣未婚男女就有機會在賞花燈的過程中物色自己的意中人，獲取愛情的信息，抑或巧結奇緣。歐陽修的名句「月上柳梢頭，人約黃昏後」說的就是這種意境。不要說陳三、五

娘的一見鍾情、樂昌公主與徐德言的破鏡重圓，就連《王老虎搶親》的故事也是發生在元宵之夜。

不論對元宵節怎樣解讀，都是用文化視角來審視這個節日的。它的實際意義在於宣告春節之歡告一段落，它是春節的收官之俗。春節再好，像闖王李自成那種沒完沒了的過法總不合適吧？樂不思蜀，可以丟掉江山。元宵節這「一夜魚龍舞」，讓人們到美妙的月夜中去透透空氣，讓人們從春節的美夢中醒過來，它告訴人們「開始吧，一年之計在於春哪」，不能老是沉浸在紙醉金迷的歡樂之中；如同說朋友，走出家門，開啟一年的創業之旅吧！

充滿祈盼的二月二　農曆二月二是一個日期，但也是個節日。剛出正月又來了這麼個節日，有些什麼講究？這個日子說道還真不少，它又被稱為花朝節、踏青節、挑菜節、春龍節、青龍節、龍抬頭等等。從這些清新的稱謂就可以看出，二月二也是一個充滿祈盼的節日。

搜尋古代典籍就可以查到，二月二也連著一個動人的故事。說的是武則天稱帝后，大唐盛世一下子變成了武家的天下，這是一個翻天覆地的變革，按著傳統觀念，牝雞司晨那還了得？這可惹惱了玉皇大帝，決意要懲罰這個不遵三綱五常的武后，遂立刻降下御旨命令四海龍王不准給人間降雨，要大旱三年。四海龍王哪敢違抗聖命，就不再給人間降雨。惟司管天河的玉龍勇於抗爭，他一看，不下雨哪裡是懲罰武則天哪，分明是在懲罰天下蒼生啊！於是動了惻隱之心，冒著觸犯天條的危險，於二月二這天吸盡天河之水，為人間普降甘霖，救天下百姓於水火之中。玉帝聞知，勃然大怒，決定把玉龍監禁終生。玉龍據理辯解時，玉帝理屈詞窮地說，你等著吧，除非人間「金豆開花」你才能獲釋，言外之意是說，你等到猴年馬月也休想出去。

但人間百姓對玉龍可是感恩不盡，大家要共同想辦法救出玉龍。每年一到二月二這天，家家戶戶都炒玉米花撒向大地。天庭上的神仙看到這一景象，急忙奏報玉帝說人間果然金豆開花，玉帝無話可講，只好放出玉龍。這個古老的故事無疑是一首愛民之歌，誰關心老百姓，老百姓就報答誰。

還有一說，農曆二月二是主管雲雨的龍王抬頭的日子，龍的這一動作預示著春回大地，萬物復甦，應該降雨了，接下來當然是「好雨知時節」，新禾吐翠。所以才有「二月二龍抬頭，大囤滿小囤流」的民謠，這表達了農民於春前的一種美好願景，盼望著風調雨順、五穀豐登。這個節日的重要標誌是家家戶戶的棚頂，甚至寶寶的衣服上都要掛「龍尾」，串製精美的龍尾給新春增添了喜氣。

　　二月二這一天，還是百花的生日，也是花神的生日，有一首詩說「百花生日是良辰，未到花朝一半春。萬紫千紅披錦繡，尚勞點綴賀花神。」所讚美的就是這一天。說的是這一天雖然是花朝節，但由於是早春節令，許多花還未及盛開，為了讓節日更美一點還需要人工點綴。本來，二、八月為春秋之半，故以二月半為花朝，八月半為月夕，就是說二月十五才是花朝節。但是到了宋代就把花朝節提前到二月二來過，這就給二月二增加了更多更美的內涵，使它更富於詩情畫意，它提醒人們，不要忘記為我們的生活添香增彩的百花。

▲ 2011 年新黨員在烈士陵園內進行入黨宣誓

一過二月二，人們總是習慣地理一理頭髮，家庭，特別是有老年人的家庭，總要吃一點豬頭肉，這種習俗顯然都和「龍抬頭」有關。

清明祭掃奠親人　清明節正是早春時光，最讓人心曠神怡。「清明時節雨紛紛，路上行人欲斷魂。借問酒家何處有，牧童遙指杏花村。」杜牧這首優美的小詩使人們忘記了清明節追念先人的憂傷。其實，清明時節美歸美，卻是個祭奠之節，家家戶戶都要上墳祭掃，機關團體還要到烈士墓舉行紀念儀式，這種含義是由於清明節和寒食節的結合融通所產生的。

傳說寒食節是為紀念介子推而設的，中華民族世世代代都在講述著這個感人的故事。春秋戰國時期，晉獻公的妃子驪姬以色迷君，為讓自己的親生子奚齊繼承王位，設計謀害了太子申生，申生之弟重耳為躲避殺身之禍流亡國外。長期的流亡生活使重耳吃了很多苦頭，但也磨礪了他的意志，增長了才幹，同時也在患難中發現和培植了幾位對他忠心耿耿的人才，其中有一人名叫介子推。在重耳身臨困境，連日斷炊，已經餓昏的生死關頭，眾人都無計可施，而介子推從自己的大腿上割下一塊肉烤熟後喂給重耳，這才救活了他的性命，這使重耳感恩不盡。

後來，重耳復國做了國君，還成為春秋五霸之一，他就是有名的晉文公。重耳當上國君，把那些昔日與他患難與共的多位臣子都封了官，唯獨把介子推給忘掉了，介子推心裡雖然很難受，但他並沒有說什麼，便和年邁的母親回到家鄉，隱居山中，這座山的名字叫作綿山。

有一天，晉文公重耳終於想起了對他有救命之恩的介子推，心中慚愧不已，下令必須找到其人，請這位割股奉君的介子推趕快入朝接受封賞。可是一打聽，得知介子推母子已經隱入綿山，難以尋找。晉文公馬上率人搜山，找了數日還是沒有找到介子推。這時有一位臣子出了一個主意，如果放火燒山，順著風三面點火，留下一方做出口，大火一著，介子推就會自己走出來。晉文公採納了這個辦法。誰知，大火燒山經過了三天三夜，也沒見到介子推走出來。眾人便又上山搜尋，結果發現，介子推母子抱著一株燒焦的大柳樹已經被燒死

了。晉文公看到此情此景愧悔莫及，對著介子推的屍體哭拜不已。

為紀念這位少有的忠臣義士，晉文公把綿山的名字改為介山，並在山上建立了介子推的祠堂以備經常祭奠。同時，把放火燒山這一天定為寒食節，傳諭全國臣民在這一天都要禁忌煙火。第二年寒食節後的兩天，晉文公又帶領群臣登山拜祭介子推，驚奇地發現那株去年被燒焦的老柳樹死而復活，已經碧玉妝成，柳絲婆娑，晉文公心有所感，彷彿又見到了忠義的介子推。文公折下一枝柳條圍成柳圈戴在了頭上以示敬意，恭敬地為老柳賜名為清明柳，並把這一天定為清明節。從此，人們把寒食節和清明節合併當作祭奠先人的日子，清明節也成為中華民族最重要的傳統節日之一。其實，這個節日與防火有關，寒食之意即禁火，禁火就可以避免山火。

按照老百姓的生活習俗，清明節這一天是一個必吃雞蛋的日子。在這個節日即將到來時，看望親戚一般都送點雞蛋。

端午講究何其多　把一個火爆的節日和一個淒美的故事連在一起，這是中華民族的發明創造，這多少讓人感到有點警示世人居安思危的意味。

如今人們廣泛認同，端午節是紀念屈原的，這恐怕是因為大詩人屈原是一位偉大的愛國者。讀過這段歷史的人都知道，屈原的見解可不是「馬後砲」，憑他的慧眼早就看出秦國假意談和的來信是一條毒計，力勸楚懷王不要上當；懷王被扣以後，他又向新君提出許多富國強兵，營救懷王的主張，然而掌權當政者懷王之子令尹子蘭及上官大夫、靳尚等一班小人不但不聽屈原的忠貞之議，反而將他流放。在這種舉世皆濁，唯吾獨醒的處境中，屈原痛不欲生。他絕不屈從邪惡，更不能與奸佞小人為伍。他高潔超凡，他孤芳自愛，在回天無力的情況下，懷著無比的悲憤投入了汨羅江。正是為了紀念這位偉大的愛國者，人們在端午節這一天總要往江中拋擲各種食物，這種禮俗與其說是為了保護屈原的潔白之身免葬魚腹，還不如說是在弘揚和傳承屈原的崇高名節。這種發自百姓的民族主義教育太重要了，屈原的高大形象與南宋的秦檜、中日甲午戰爭中的葉志超、方伯謙等賣國之賊形成了鮮明的對照，那些漢奸行徑讓中華

民族感到無比的恥辱。端午悼屈子，屈子是詩人，所以端午節也被追加成詩人節。

不過需要說明，端午節所要紀念的人物可不光屈原一人。許多史料記載，這個節日還是紀念伍子胥、孝女曹娥、越王勾踐操練水軍的，說起來也連著一些動人故事。生態文化就是這樣，與時俱進，不斷變化。但它總是秉持一種取向，它的主旋律還是謳歌忠孝勇武的。

端午節除了人文意義，還有自然意義。這一天所以成為節日，是因為它是夏季最中間的一天，所以嚴格說來，端午節是夏節。對此，懂得曆法的人能說出許多道理。此時既是盛夏，天氣濕熱，更是各種毒物滋生和氾濫的季節，由此就把驅蟲防毒提上了日程。掛菖蒲、插艾蒿、飲雄黃酒、扎五綵線等等都是為了驅蟲防毒。談到這兒，最有代表性的就是《白蛇傳》的故事。法海為了讓許仙辨明白娘子是蛇妖，就在端午節這一天讓許仙給白素貞飲雄黃酒，而蛇是最怕雄黃的，作為蛇身的白娘子怎能吃得消？但她出於對許仙的真愛，明知後果嚴重也沒有逃避，她首先勸走了青妹，因為小青的道行淺風險更大。當小青問她，你怎麼辦哪？白素貞答道，憑我的九轉之功一定抗得住。可是到了許仙真正對她勸飲的時候，白素貞又動了真情，結果超量飲入，現了原形，嚇死了許仙。白娘子醒來後，冒死盜仙草，救活了許仙，表達了白娘子對愛情忠貞不渝的精神。

美的事物是經久不衰的，如今的端午節更加熱鬧紅火。清早起來人們都去采艾蒿，回到集鎮上又爭相購買葫蘆、香包、五綵線，回到家中，餐桌上

▲ 市民在集市上選購節日用品

便擺滿了粽子、雞蛋、美酒和各種佳餚，家家戶戶都過得快樂而溫馨。

浪漫多彩的乞巧節　農曆七月初七是民俗中的乞巧節，通常這個節日比不上春節、端午、中秋節那麼隆重，引人關注，可是這個節日也列入了世界非物質文化遺產名錄，原因是這個節日謳歌了愛情。

七月七乞巧節是由中國四大傳說之一的牛郎織女的故事傳承而來。牛郎追

▲ 嫦娥奔月

織女上了天，王母用金簪一劃，便劃出了一道天河，使得兩人隔岸相望不得親近。只有每年的七月七，喜鵲們才為他們搭起鵲橋，兩人才得見上一面，所以這個故事改成戲劇就叫《鵲橋會》或《天河配》。小時候夏夜納涼，面對耿耿星河，老人經常繪聲繪色地講述著這個故事。故事是那樣淒美，那樣浪漫。每到這一天，好奇的孩子們總要用鏡子在一盆清水中晃來晃去，把月光的光譜晃得五顏六色，似乎實現了天上和人間的溝通，令孩子們覺得很神奇。老人還說鑽到葡萄架下靜聽，可以聽到牛郎織女的悄悄話兒。天真的孩子都試過，誰也不說「沒聽到」，在幼小的心靈裡很希望那是真的。

這個節日所以選在七月七，是因為這個七字和乞巧的乞字同音，同時也和吉祥的吉字諧音，七月初七大有大吉大利之意。可惜這些年來，過乞巧節的一些講究似乎有些迷失了，甚至不再過這個節日，可喜的是中央電視台沒有忘記它，二〇一三年還專門舉辦了一台戲曲聯歡晚會。湖南花鼓戲《劉海砍樵》、黃梅戲《牛郎織女》、京劇竇曉璇的《許仙借傘》、越劇《梁山伯與祝英台》、京劇、豫劇、越劇三下鍋的拷紅等劇目，都把古代愛情表現得柔情蜜意，有如雪梨爽口，讓人大飽耳福。

牛郎織女的故事宣揚的是對愛情的堅貞不渝。牛郎織女是如此，白娘子和

許仙是如此，梁山伯與祝英台亦是如此。愛情應該是真摯的，聖潔的，更應該是專一的。

七月十五祭亡魂　農曆七月十五俗稱「鬼節」，這一天家家戶戶都要上墳祭掃，和清明節一樣是一個祭祀之日。這個節日雖然沒有端午節、中秋節那麼隆重，老百姓還是很重視它。

曆法上視正月十五為上元節、七月十五為中元節、十月十五為下元節。信神的人說，上元節天官紫微大帝賜福；中元節地官清虛大帝赦罪；下元節水官洞陰大帝解厄（救苦於倒懸）。中元日，地官降下，定人間善惡。中元節是鬼節，人鬼有別，所以中元張燈和上元張燈不一樣。人為陽，鬼為陰；陸為陽，水為陰。水下神祕昏黑，使人想到幽冥地獄，鬼魂就在那裡沉淪。於是上元張燈在陸地，中元張燈在水裡。

七月節佛教中又稱盂蘭盆會。盂蘭在梵語中意為「倒懸」，是一種苦厄之狀。盆是指盛供品的器皿。說到這裡，有一個目連僧救母的故事。釋迦牟尼的十大弟子之一目連（亦稱目犍連），得到六通（六種智慧）後，想報答父母的養育之恩，即用道眼視察，看到已逝去的母親劉清提在餓鬼道中受苦，瘦得皮包骨頭不成人形。目連十分傷心，於是用缽盛飯，想送給母親吃，但是飯剛送到他母親手中，尚未入口即化為灰燼。目連無奈，哭著請求佛祖幫助救救他的母親。佛祖說：「你母親打僧罵道，不珍惜糧米、用水，罪孽深重，你一人是救不了她的，要靠十方僧眾的道力才行，你要在七月十五日眾僧結夏安居修行圓滿的日子裡，敬設盛大的盂蘭盆供，以百味飲食供養十方眾僧，依靠他們的感神道力，才能救出你的母親。」目連照佛祖的指點去做，他的母親真的脫離了餓鬼道。此後七月十五被定為僧自恣（自我反省）日。

這一天也是俗家人祭祀祖先和亡人之日，供品中必須有西瓜因而七月十五又稱瓜節。

七月十五夜，古有放河燈（又稱水燈）的習俗，把蓮花形的紙燈放在小木板上放到河裡任其漂流。意為在昏黑的處境中把那些無家可歸的孤魂野鬼引領

到能夠得到祭祀供品的地方去。

不知為什麼，一到七月十五，農村都有宰羊喝羊湯的習慣，這在雙遼來說，也是一種習俗吧。

團圓豐美是中秋　農曆八月十五是中華民族的傳統節日中秋節，中秋正處在一個豐收的季節，這一天的月夜是最美的，蘇子就有「明月幾時有，把酒問青天，不知天上宮闕，今夕是何年？」的佳句，這一天既是喜慶豐收又是思親懷遠，祈盼團圓的日子。

和中秋節相關的故事當然是嫦娥奔月。說的是遠古時期，天上出現了十個太陽，烤得海水乾涸，大地生煙，老百姓已無法生活。英雄后羿要為民除害，他健步登上了崑崙山頂，拉開神弓，一連射下九個多餘的太陽。后羿為百姓救苦救難立下了汗馬功勞，受到了尊敬和愛戴，不少青年都向他投師學藝。這中間有一位奸詐刁鑽，心術不正的逢蒙也混了進來。不久，后羿娶了個美麗而善良的妻子嫦娥，兩人相敬如賓，十分恩愛。一天，后羿在崑崙山巧遇西王母，賜給他一包靈藥，王母對后羿說，你這樣勇於救濟天下蒼生的人應該成仙得道，這包靈藥吃一半就可以長生不老，全部服下即刻升天成仙。然而，后羿捨不得離開他那如花似玉的嬌妻，將靈藥交於嫦娥珍藏，放進她的百寶匣裡。不想這一切都被逢蒙看見，待后羿走出家門，逢蒙便手持利劍闖入後宅，威逼嫦娥交出靈藥。這時，嫦娥急中生智，取出不死之藥一口吞下，誰知身體立刻飄然離地，衝出窗口向天上飛去，一直飛向月亮，成了仙子。

后羿回來，侍女們哭訴了所發生的事，后羿大怒欲殺逢蒙，可是這個狡猾的傢伙早已逃走了。悲痛欲絕的后羿仰望夜空，大聲呼喊著愛妻的名字，這時他驚奇地發現，那天的月亮格外皎潔明亮，而且有一個婀娜多姿的身影在冰輪中晃動，噢，這就是月裡嫦娥在觀望她的丈夫，雖然遙隔青天碧海，也難捨恩愛情義。后羿急忙叫人在嫦娥平時喜愛的後花園裡擺上香案，放上她平時最愛吃的蜜食鮮果、西瓜、葡萄和月餅，以此遙祭在月宮裡眷戀著自己的嫦娥。老百姓聞知這個消息後，也紛紛在月下擺設香案和供果，向善良的嫦娥祈求吉祥

平安。從此，中秋拜月的風俗就在民間廣為流傳。

這個嫦娥奔月的故事以鮮明的態度和絢麗的色彩讚美了真善美，極富詩情畫意，因而在民間廣為流傳。然而，關於嫦娥奔月還有一些其他版本，有的甚至是詆毀嫦娥的，說嫦娥是偷吃靈藥，最後化成了蟾蜍。李商隱的一首詩就說：「嫦娥應悔偷靈藥，碧海青天夜夜心。」

中秋節在人們心中是一個僅次於春節的第二大傳統節日。這個節日最重要的價值取向是慶豐收、慶團圓。慶豐收是季節使然，「七月十五定旱澇，八月十五定收成。」這時，田園裡莊稼成熟，瓜果飄香，一幅五穀豐登的圖景已經呈現在人們的眼前，豐收在望，自然喜上眉梢。慶團圓，是托月抒懷。這一天秋高氣爽，海島冰輪又圓又亮，象徵著團圓美滿。所以中秋節是極富詩意的。這一天最有講究的食品就是中秋月餅，它的含義和天上的月亮是完全一致的，就是團團圓圓。據史料記載，中秋節始於唐朝而盛於宋朝。傳至今天，這個光輝的節日仍然喜慶如常。

重陽敬老樹新風　重陽節也叫登高節，為什麼這一天要登高遠望？古人在確定這個節日的時候，可能有獨特的思考，但把登高遠望納入一個節日的內涵，對於今人來說也是一種很人性化的思考。長期伏案工作的人都有這樣的感覺，在辦公桌前忙碌了一段時間後，抬頭遠眺天際，頓覺頭清眼亮。廣而思之，人在平日裡忙得頭昏腦漲時，若能在風輕雲淡的秋光裡登高臨遠，放眼青山碧水，一時間「無絲竹之亂耳，無案牘之勞形」，該是多麼舒暢啊！這對於清除視覺疲勞，解除身心乏困自然大有好處。老年人雖然沒有那麼忙，但畢竟活動量少，因而野外登高也是戶外健身的一種方式。想到這些，便覺登高不是簡單的禮儀概念，而是一種宜人之舉了。一些人由於瑣事纏身，別說北國南疆，更不要說異域他鄉，生活在本鄉本土，有時一年下來居然沒有看到春種秋收的情景，這不也是一種遺憾嗎？如果能在重陽節這天走出去，看一看五花山，數一數南飛的雁行，豈不是一種快樂？即使是平時能夠偶爾登高望遠，也是有益身心的。

重陽節還有一個講究就是飲菊花酒。一說菊花絲蕊入酒，清爽酣暢，別有意韻。另有一說，九九重陽這天，要面對盛開的秋菊，邊賞邊飲，那自然是別有情趣，興致無限。為什麼要以菊助酒？菊在秋天開花吐蕊，古有「待到來年九月八，我花開後百花殺」之名句。由此可見菊乃壽花，因此以菊對酒自有祝壽之意。比菊再晚開的花當屬冬梅了，但梅花另有迎春的使命，因而未能與菊相提並論。既然菊花是長壽的象徵，在重陽節到來之際，供菊飲酒自然其樂無窮。

至於吃重陽糕，當然也另有一番含義。重陽糕到底怎麼製作，已經無從考究了，但它一定是甜甜的，黏黏的。這無非有兩層寓意，一是咀嚼甜蜜的夕晚生活，讓人更加珍愛垂暮之年；再者「踏遍青山人未老」，以此祈求容顏不老，壽與天齊。用一句講究的話說叫「越甲（花甲）騰稀（古稀），竸米（八十八歲）爭茶（一百零八歲）」。

總之，重陽節對於老年人來說，是一個互致祝賀的吉祥節日，上了年紀的人，要高高興興地過好這個節日。祝願天下的所有老年人都幸福安康！

臘八過後到年關　農曆十二月初八俗稱「臘八」，也是中華民族一個傳統節日。這一天要喝「臘八粥」。

臘字有三種含義，一是新故交替。二是臘字同獵，指用田獵獲取的禽獸祭祖祭神，叫作冬祭。三是逐疫迎春。所以不要小看臘八這個節日。佛教裡的講究更加隆重，相傳釋迦牟尼成佛之前絕欲苦行，直到餓昏倒地。一牧羊女以雜糧摻和野果用清泉煮粥將其救醒，釋迦牟尼在菩提樹下苦思，終於在十二月八日成佛。所以把臘八定為「佛成道日」。還有一說，「臘八」是紀念民族英雄岳飛的一個節日。實際上，臘八就是個冬節，是它拉開了春節的序幕，家家戶戶開始忙於殺年豬，做豆腐，購置年貨，年的氣氛逐漸濃厚。百姓中早就流傳「喝過臘八粥，莊稼人有奔頭」。何為奔頭？就是說要過年了。還有一句「小孩小孩你別哭，過了臘八就殺豬」，都表達了孩子大人盼年的一種心情。

臘八節的習俗也有多種，一到臘七，人們用盆舀水結冰，臘八這天把冰敲

碎，全家人分吃。據說這天的冰很神奇，吃了它一年不會肚子疼。泡臘八蒜也是應節令的一種習俗，在這一天把剝皮的蒜瓣放在容器中用醋浸泡，封閉後放在一個較冷的地方，數日後，蒜瓣兒綠如翡翠碧玉，食用之可以防病。

當然，過臘八節的重頭戲還是喝臘八粥。臘八粥也叫「七寶五味粥」。中國人喝臘八粥的歷史已有一千多年。每逢臘八這一天，不論是朝廷、官府、寺院還是黎民百姓家都要做臘八粥。在宮廷，皇帝、皇后、皇子等都要向文武大臣、侍從、宮女賜臘八粥，並向各個寺院發放米、果等供僧侶食用。在民間，家家戶戶也要熬臘八粥，祭祀祖先；同時，合家團聚在一起食用，餽贈親朋好友。中國各地臘八粥的花樣，爭奇競巧，品種繁多。可以攙在白米中的物品，如紅棗、蓮子、核桃、栗子、杏仁、松仁、桂圓、榛子、葡萄、白果、菱角、青絲、玫瑰、紅豆、花生……總計不下二十餘種。臘八粥熬好之後，要先敬神祭祖。之後要贈送親友，一定要在中午之前送出去，最後才是全家人食用。吃剩的臘八粥，保存著吃了幾天還有剩下來的，卻是好兆頭，取其「年年有餘」的意義。假如院子裡種著花卉和果樹，也要在枝幹上塗抹一些臘八粥，來年可以多結果實。試想，在「臘七臘八，凍掉下巴」的嚴冬，喝上一碗香甜可口的「臘八粥」，該有多麼愜意。

小年祭灶祈平安　臘月二十三，又稱「小年」，是民間祭灶的日子。這個日子標誌著已經進入年關，應該按著習俗操持過年的事了。

據說，每年臘月二十三，灶王爺都要上天向玉皇大帝稟報這家人的善惡，讓玉皇大帝賞罰。因此送灶時，人們要在灶王像前的桌案上供放糖果、清水、料豆、秣草，其中後三樣是為灶王升天的坐騎備料。所以祭灶時還要燒掉用竹篾或秫秸扎製的馬。同時，還要把關東糖（亦稱灶糖）用火融化，塗在灶王爺的嘴上。這樣，他就不能在玉帝那裡講壞話了。民間有「男不拜月，女不祭灶」的習俗，因此祭灶王爺，只限於男子。

到了大年三十的晚上，灶王還要與諸神同來人間過年，還得有「接神」「接灶」的儀式，灶王爺便又回到家中。

祭灶，是一項流傳極廣的習俗。舊時，差不多家家灶間都設有「灶王爺」神位。人們稱這尊神為「司命菩薩」或「灶君司命」，傳說他是玉皇大帝封的「九天東廚司命灶王府君」，負責管理各家的灶火，被作為家庭的保護神而受到崇拜。灶王龕大都設在灶房的北面或東面，中間供上灶王爺的神像。沒有灶王龕的人家，也有將神像直接貼在牆上的，下面擋一方板擺放供品和香爐。有的神像只畫灶王爺一人，有的則有男女兩人，女神被稱為「灶王奶奶」。這大概是模仿人間夫婦的形象。灶王爺像上大都還印有這一年的日曆，上書「東廚司命主」「人間監察神」「一家之主」等文字，以表明灶神的地位。兩旁貼上「上天言好事，下界保平安」的對聯，以保佑全家老小的平安。

臘月二十三日的祭灶與過年有著密切的關係。因為，在一週後的大年三十晚上，灶王爺便帶著一家人應該得到的吉凶禍福，與其他諸神一同來到人間。灶王爺被認為是為天上諸神引路的，其他諸神在過完年後再度升天，只有灶王爺會長久地留在人家的廚房內。

灶王爺的來歷，說起來源遠流長。在中國的民間諸神中，灶神的資格算是很老的。早在夏代，他已經是民間所尊奉的一位大神。據古籍《禮記‧禮器》記載，祝融祀為灶神。還說灶神是鑽木取火的「燧人氏」；或說是神農氏的「火官」。

有一首童謠這樣寫道：「灶王爺，本姓張，騎著馬挎著槍。」並有資料說明灶王爺姓張名卓。另有一說，就是《封神榜》中的張魁。究竟灶王爺是誰，留待學者考究，作為一種生態文化的遺存，我們只需知道灶王爺是百姓的保護神就夠了。

情趣盎然的收藏熱

新千年（2000年）以來，雙遼人的收藏熱漸漸興起且有增無減，古玉收藏、錢幣收藏、各種器物收藏、糧票等的收藏和集郵等等都形成了活動群體並產生了代表人物。

站台票收藏有名家黃寶金。他收藏站台票取得了豐碩成果，僅《清明上河圖》就收齊了兩套。曾幾次在雙遼展出。他收藏的全國各地景觀門票也具備了相當規模。

煙標收藏大家當屬李德山，他堅持久，交友多，成果顯赫。他把收集到的煙標分門別類，裝訂成冊，可以隨時取出供來訪者觀賞。更令他感到自豪的是他已收全了兩套紅樓夢人物《金陵十二釵》、一套水滸人物《梁山一百單八將》。他把這些成果帶到雙遼市老年大學，給同學們上了一堂收藏課，使同學們懂得收藏不單是為了玩兒，而是一門學問，其中有歷史，有知識，有聯誼，有技巧。學會收藏，可以提高人們的生活情趣。

▲ 黃玉金收藏的站台票《清明上河圖》（部分）

內涵深厚的地頭棋

在雙遼民間至今流傳著「地頭棋」，常見的有「五道兒」「五虎」「挑夾」「連」「老牛趕山」，最簡單的還有雙方各用倆子的「憋死牛兒」。「地頭棋」可是勞動人民的發明創造，展示的是平民百姓的聰明智慧，玩兒起來妙趣橫生。

「地頭棋」看起來很簡單，棋盤就是在地上畫成格式，而且都是直來直去，但內涵十分深刻，充滿玄機，奧妙無窮。但這種棋畢竟是平民所創，不像圍棋、象棋那樣詭詐多變，內中之創意和設計充滿了平民意識，處處閃爍著樸素、憨直而又智慧的思想光芒。

首先，「地頭棋」講究的是方方正正，平等競爭。以「五道兒」的玩法為例，它表現了崇尚「直道」，鄙薄邪術的操格，榮於陽謀，恥於陰謀。棋盤十分簡單，就是五橫五直，構成十六個方格。用的棋子也是信手拾來，不像象棋、軍旗那樣有什麼品級之分，一方用五個「土塊兒」，另一方用五根草棍即

▲ 地頭棋愛好者在下「五道兒」

可。除先後手有點差別外，完全是機會均等的，透明得很。這完全是樸素無欺，單打獨鬥，公平博弈的意識反映，不帶任何附加條件。

其次，在制勝手段上一般秉持以多勝少的規則，體現了勞動人民在與大自然或來犯之敵的鬥爭中團結奮鬥的傳統習慣，把聯合取勝的理念運用其中。「五道兒」「五虎」中的兩子吃一子；「連」中的三子成一連，都是這一理念的體現。所以在博弈中如何保護好自己的籽粒相對集中，不被對方吃掉，才能最終形成合力戰勝對手。當然，有的也有一挑二，一撅二的規則，那是強調在特定的條件下也可以少勝多。這一規則似乎在鼓勵弱方不要氣餒，要耐心尋求轉機，也可以反敗為勝。

再次，搶佔要地，因勢取勝，也是「地頭棋」所推崇的戰法。下「五道兒」的高手任由別人輪番戰他，也難於取勝。絕招在於善於搶佔中路，佔領了中路有利地形，就可形成進可攻、退可守的態勢，一旦奪得先機，縱橫捭闔就可以獲得自由了，陣式一拉開，迫使對手的籽粒無法集中，在棋盤邊緣的迂迴中，一不小心便落入虎口。

搶佔中路並不是一方的需求，對方也是力求千方百計搶佔中心的。究竟鹿死誰手也要經過一番廝殺，後手如何反制，不讓對方達到目的，這就要看戰法之妙了。總之，「地頭棋」看似簡單，但造詣非凡，下好它並不容易，研究它也具有相當的學術價值。

地頭棋看似簡單，卻是民間智力博弈的極好形式，完全可以納入群眾文化活動。這種群眾喜聞樂見的遊藝活動是一種非物質文化遺產，應該繼續發揚。

詩曰：

　　　　三連奧妙有玄機，五道挑夾布詭疑。
　　　　莫論凡間無術士，應知貧民亦神奇。

近年興起的抖空竹

　　抖空竹屬於雜技，是一項專業性很強的雜技藝術。近幾年才在雙遼興起，已成為全民健身的文體活動項目。在二〇一〇年時，只有老年大學的李德山和師傅二人在自家的小院裡傳藝學習，經過半年多的刻苦練習，於二〇一一年初夏正式到廣場抖起了空竹，當時人們對這一運動非常好奇，產生了濃厚的興趣，竟有十多人要拜師學藝。從此，由兩個人一下子擴大成一個小團隊。為了提高技術，他們又請來了一位名叫閆承志的七旬老人來指導，在老師的耐心指導下，抖空竹的水平不斷提高，學藝的人也逐漸增多，他們正式成立了空竹俱樂部。為了學到更新的技術，他們還選派三人專程到北京去學習空竹舞龍的表演，並集體到內蒙古通遼市去學習和交流，又把通遼的竹友邀請到雙遼來表演。經過不斷的交流和切磋，很快就把空竹舞龍這一絕活玩得得心應手。於二〇一二年六月和八月的「全民健身日」在市體育館為全體市民表演抖空竹和空竹舞龍，不但受到現場觀眾的一致好評，還被網友在網上傳播，使空竹俱樂部的美名遠颺。其後，又有很多人加入了這個隊伍，使空竹俱樂部的人數達到五十多人，在市區設了三個晨練點。

　　由於不斷學習和提高，雙遼竹友的藝術水平更加精湛，知名度逐步擴大，於二〇一四年五月，參加了「中國保定國際空竹藝術節」。雙遼空竹俱樂部選派十人參加，是吉林省唯一一支縣級代表隊。在國際大舞台上受到專家的好評，並獲得優秀表演隊的榮譽稱號，為家鄉爭得了光彩。

▲ 空竹愛好者在文化廣場上抖空竹

飲食習慣的傳承

雙遼是一個多民族混居的地區，十幾個民族的飲食影響都有一定程度的存在。漢族早年有名廚「三家王」的傳承，留下許多名菜的做法，其中有一道最實惠的大肉流傳至今，那就是有名的木梳肉。做這種肉首先要把大塊五花肉煮熟，然後切成木梳一樣的大塊碼在大盤子裡，肉皮掛上糖色，各種佐料放好後，放在鍋

▲ 黏豆包

裡蒸，火候一到即可出鍋。此肉肥而不膩，肉香無比，成為雙遼一道傳統名菜。

滿族飲食的影響更為深遠。比如撒黏糕、蒸黏豆包、漬酸菜等久傳不衰，特別是殺豬時的血腸白肉燴酸菜更是別有風味。此外，滿族的炭火鍋也很盛行。

蒙古族留下的手把肉和羊湯堪稱一絕。來客或聚會時大碗飲酒，大塊兒吃肉，再喝上五味俱全，鮮亮可口的羊湯，讓人汗流浹背，渾身通泰。

雙遼人飲茶的習慣是從二十世紀五〇年代開始的。在那之前，雙遼農村沒有飲茶習慣，甚至不知茶為何物。來客是用糊米來（把高粱炒糊）沏水。二十世紀五〇年代以後，飲茶從內蒙古科左中旗傳入雙遼，當時主要是飲用紅茶。直到新千年（2000 年）前後，人們才逐漸瞭解了茶葉品種很多，還有綠茶、花茶等等，還懂得了飲茶具有解暑保健作用，飲用者也多了起來，並習慣於以茶待客。

婚禮習俗的演變

洞房花燭夜乃是人生最大喜事。現如今人們把婚禮看得更為重要，雙遼人娶媳婦就頗有特色。

娶親講究人家娶親要用清一色的「紅旗車隊」。把高檔小汽車裝扮成「花轎」，新郎由娶親婆引領，伴郎陪伴來到新娘子家，首先要叫門喊媽，岳母指使小姐妹把閨房打開，新郎要先給女孩「紅包」，再向岳母叫聲媽，並深鞠一躬。這時岳母要給新姑爺改口錢。然後新郎再把帶有新娘標誌的紅花給新娘子戴上，還要把新娘子被小姐妹藏起來的「踩堂鞋」找到，親手給新娘子穿上，一同吃了「上車飯」，新娘子要由新郎官從床上一直抱到「花轎」上，行車時不管兩家距離有多遠，車隊都要走鬧市和景區，大曲大繞地回來，如有右轉向的路時，「花轎」要向左繞一圈再向右行駛，以求「向裡拐」的意思。

拜堂新娘子來到家門，鞭炮炸響，鼓樂齊鳴，婆婆來到「花轎」前，接過兒媳從娘家帶來的「聚寶盆」，並向盆內投入珠寶「紅包」，兒媳要給婆婆頭上戴朵小紅花，並甜蜜的叫聲媽！婆婆高興地把兒媳領入新房。雙方的小姐妹要把被褥和飾物重新整理一遍，幔簾要捲上大蔥和高粱，以示婚後日子充足、步步登高之意；床上要放一把斧子，叫「一福壓百禍」，以示吉祥。然後，新娘子還要坐福。如今的婚禮都由專業司儀來主持，一拜天地，新人向來賓和介紹人、證婚人敬禮，介紹人要說明新人的簡歷，證婚人宣讀結婚證書並給予祝福。二拜高堂，雙方父母分別給兒媳和姑爺「紅包」。夫妻對拜，雙方要喝交杯酒。最後是來賓致賀詞。

美麗的故事傳說

神砂入世化七星

在雙遼市境內，至今仍然流傳著一個古老而美麗的神話。人們每提到這個故事的時候，都會情不自禁地流露出自豪與神祕的表情。

相傳很早以前，天上有十一個太陽。老太陽十分熱情也很有長者風度。另外的十個小太陽都是老太陽的兒子。這些小太陽們在老太陽的訓導下很聽話。只要是老太陽吩咐讓做的事情，他們總是唯命是從，沒有一個不認真去做的。

看到十個小太陽兒子這麼聽話又能幹，老太陽十分欣慰。他想，到了自己讓位的時候了，給兒子們一點發展的機會吧。於是，老太陽就在一個月高風清的夜晚歸隱了。

老太陽辭世了，十個兒子哭得死去活來。今後誰來接替老太陽的位置來統帥太陽系的工作呢？十個太陽都沉默著。直到老太陽的喪事都辦完了，也沒有決定出由誰來接班的問題。有一天，老大將眾兄弟都召集在了一起，想討論一下由誰來接班的問題，可是哥幾個面面相覷，誰也不作聲。出現這樣的局面，說明誰也不服誰。

大家這麼一扯皮不要緊，給地球供熱供光的事兒就沒人幹了。俗話說天上一天，地上一年啊。沒光沒熱的日子可怎麼過啊？人們在暗無天日的環境裡苦苦地熬著，指望著太陽能早點出來。

此刻在十個小太陽的心中只想著四個字：爭當老大。該出來時不出來，不該出來時卻各自顯示著自己的能力，拼著命地噴射著光和熱。這樣一來，就給人間帶來了嚴重的災難。樹被曬死了，草被曬死了、江河瀕臨乾涸。一剎那，濃煙滾滾，烈火熊熊，黎民百姓們遭受著滅頂之災。

十個太陽兒子的所作所為，都被四海的龍王和城隍、土地等三位大神看在

眼裡。他們覺得，如果這樣下去，別說是人間受不了，就是神仙也受不了。於是這些神仙一合計，決定去請玉皇大帝出面來解決這個迫在眉睫的問題。

玉皇大帝聽了神仙們的反映後，覺得事態嚴重，如再不制止，何以立三界神威？於是，玉皇大帝便打發欽差帶著聖旨去找十個太陽談話。讓他們立即選出頭領，像老太陽在世時一樣分工合作，以解黎民百姓之危。

欽差領命到了太陽系後，傳達了玉皇大帝的聖意。讓眾太陽們遵旨行事。可是，這十個太陽仍然擺出對面不相逢的樣子，彼此一見面就吵。欽差一看也吵不出個子午卯酉來，只得宣布散會。

散會之後，十個太陽不思悔悟，反而拉攏起欽差來。這個給欽差送錢，那個給欽差送禮，然後又都向欽差展示自己的本領，這個說我的光強，那個說他的光亮。一剎那，十個太陽又逞起威風，照射得大地龜裂，湖海生煙。老百姓饑荒四起，餓殍遍野。欽差收了十個太陽的禮，又見這十個太陽的能力所差無幾，真難住了，就這麼琢磨著、猶豫著，也選不出個頭兒來。

眼看著百姓在遭殃，卻遲遲不見欽差回報。玉皇大帝一怒之下又派出自己的得力大將二郎神親自打探。二郎神帶著尚方寶劍，有先斬後奏之權。

二郎神領命出發，沒有先去太陽系，而是先到了地球。他微服私訪，想先聽聽人間百姓的說法。在茶坊、街市裡，他聽到民眾都在議論。太陽系的事情所以遲遲未決，主要是欽差接受了十個太陽的賄賂，所以難以決斷，因而才導致了人間的災難日益嚴重。二郎神不聽則罷，一聽火氣衝天。他立即飛奔太陽系，將欽差與十個太陽一併捉拿，分別審問，進一步驗證了百姓所言無誤。為平民憤，二郎神怒斬欽差，然後正式與十個太陽談判，以決定由誰來統帥未來太陽系的一應事宜。

十個太陽平時養成了驕橫的脾氣，根本不把二郎神放在眼裡。其中一個太陽說道：「你個二郎神本是小字輩兒，竟敢在我們面前發號施令，別說你，就是在玉皇大帝面前，也照樣有我們的座位，你算哪盤菜呢？今天把話挑明了，你要是知趣的趕快走開，不然可別怪我們把你化為灰燼！」其他幾個太陽也隨

聲附和著說：「你還是快滾吧，免得難看！哈哈哈……」

二郎神鎮定自若地說：「我要是不走呢？」十個太陽一看二郎神的態度如此強硬，便也橫眉立目地喝道：「那就讓你先嘗嘗我們的厲害！」說著，同時向二郎神噴出了強烈的火舌。

二郎神憤怒地喝道：「幹好事你們一個不頂一個，互不服氣，大搞分裂。幹壞事你們倒能相互勾結，沆瀣一氣，似這等難成大器的東西，留爾何用？」說著，他猛地吹起了口哨。隨著口哨聲，只見一道閃光應聲而至，原來二郎神將他的天狗調來助戰了。雙方廝殺一處，難解難分。

▲「二郎追日」圖

交手不到一個時辰，十個太陽中有九個都被天狗給吞吃了，只剩下一個小么兒敗陣而逃。這二郎神大呼一聲：「看我的！」說著，他讓天狗先歇息一會兒，自己提著三尖兩刃刀騰雲駕霧，拚命追趕。小太陽見勢不妙，急忙向土地佬呼救：「土地爺爺！你老想想，天上人間，總不能一團漆黑啊！求你老看在我老爸的情分上跟二郎神講個情吧，千萬不要將我處死，以後我保證像我老爸一樣，好好為大家服務，我答應白天幹活，晚上睡覺，絕不再造孽！」土地佬一聽這小太陽說得入情入理，便偷偷地在二郎神鞋裡放了七粒沙子。

且說二郎神正在專心致志地追趕著小太陽，突然覺著鞋窠裡面有東西硌腳，他急忙將鞋脫下來，將鞋裡的七粒砂石往外倒。這一倒不要緊，這七粒砂子就向地上奔去。就在這七粒砂石與地面接觸的一瞬間，立即就變成了七座大

山。這七座大山正是至今令雙遼人民引以為驕傲的大哈拉巴山、小哈拉巴山、勃勃吐山、敖寶山、玻璃山和內蒙古哲盟的大吐爾祭山、小吐爾祭山。而更巧的是，從高空中俯瞰下去，這七座山的分布形狀正好呈北斗七星之狀。所以，人們都稱雙遼是七星落地的風水寶地。

那個小太陽後來又怎麼樣了呢？不言而喻，他逃脫了二郎神的追殺，每天給我們供光供暖的，不正是這個小太陽嗎？看來，一個太陽的效果真比十個太陽的效果要好得多哩。

臥虎屯的由來

傳說在很久以前，西遼河畔有一片一眼望不到邊的大草甸子，甸子上草兒青青，花兒噴香。在大草甸子南邊有一座山崗，山岡上是一片蒼翠茂密的樹林子，林中常有野獸出沒。每當夜深人靜之時，呼嘯的山風吹來，虎嘯狼嚎，從遠處一聽，好不嚇人。

一天黃昏，正在放羊的小羊倌還沒弄明白是怎麼回事，就見老虎叼起羊群裡的一隻羊，三蹦兩躍就鑽進林子裡去了。小羊倌被嚇得臉色蒼白，眼淚在眼圈裡直打轉轉兒。這時，牛倌栓柱趕著牛從山坡上走過來，見小羊倌哭喪著臉，禁不住加快了腳步奔小羊倌而來。

栓柱生得五大三粗，有一股永遠也使不完的力氣，無論誰有困難他都願意盡力幫忙，這一帶的窮哥們兒都十分喜歡他。栓柱從小在草原長大，騎馬、射箭、摔跤，樣樣技藝都十分高超，方圓幾百里一提起栓柱的大名，都佩服得直豎大拇指。就因為這些，蒙古王爺對他也另眼相看，輕易不敢給他氣受。

小羊倌見栓柱向自己走來，淚珠就像斷了線似的　裡啪啦地落了下來。「怎麼了？兄弟！」牛倌栓柱用手扶著小羊倌的肩膀安慰著問道。小羊倌見到栓柱就像見到自己的親人一樣，一下子撲到了栓柱的懷裡，哭訴著剛才發生的一幕。栓柱聽了，心情沉重地對小羊倌說：「唉！別說是羊，老虎在這個地方傷人也不是頭一次了。你看這大片的平原，是多麼好的居住地啊！可是鄉親們

卻在不斷地往他鄉遷移，真是有家不能歸啊！我一定要想辦法除掉虎患！」小羊倌聽了栓柱的話得到了很大的安慰。

　　為了尋找除掉虎患的機會，栓柱白天放牛，晚上帶著弓箭到山上轉悠。有一天，栓柱放牛回來，正拖著疲憊的身子從山上往下走，猛然間聽到草叢中有人在呻吟。栓柱撥開草叢，循聲音尋找，忽見在小水溝旁邊，有一個十歲左右的小男孩兒面朝下趴在地上，他的一隻腳上還殘留著血跡。栓柱俯下身輕輕地問道：「小兄弟，你這是……」小男孩兒聽有人問話，便喃喃地說道：「是老虎……」說著，他指了指自己被咬傷的左腳。「又是這害人的老虎！」栓柱看這小男孩兒被咬的腳還在隱隱地流著血，更增添了對惡虎的憎恨。但是眼下得先把這小孩兒救下再說。於是，他不顧疲勞，一直將小男孩兒背到了自己的窩棚。又弄來草藥給小男孩兒敷在了傷口上。還用小米熬了粥，給小男孩兒吃了下去。一連幾天，小男孩兒在栓柱的精心照料下傷口漸漸好轉。又過幾天，就能在地上慢慢地來回走動了。

　　這一天晚上，栓柱對小男孩兒說：「小兄弟，今晚我要去辦點事，就不在家陪你了。」說著，他拿起了弓箭就要往外走。小男孩兒見狀立即攔住了栓柱，說道：「栓柱哥哥！你不是想上山打虎嗎？請等一下！」「哦？你怎麼知道我想去打虎？」栓柱有些驚詫。「看你拿著弓箭，我當然能想像到你的心思了。」小男孩兒回道。「哦，真想不到，你小小的年紀，竟這麼懂事。那麼你讓我等一下的意思是……」還沒等栓柱說完，小男孩兒撲哧兒一下笑出聲來：「那還用問？當然是想助大哥哥一臂之力呀。」「就憑你——助我一臂之力？哈哈……好了好了，你的心意我領了。可是你呀，還是好好在家養你的傷吧。」「也好，不過栓柱哥哥，你今天上山後，如果聽到了樹林裡呼呼地颳起了風，你就衝咱住的這個窩棚的方向連喊三聲『來了』。這時，就會有一頭老牛沖上崗去和老虎搏鬥。當這頭老牛和老虎互相廝殺時，老牛會一連三次躲開老虎，你一定要抓住每一次機會，用箭射老虎的頭，可千萬不要錯過機會啊！」小男孩兒非常認真地說。

栓柱聽了小男孩兒的話，半信半疑地說：「呵呵，真能有這種奇事？好吧，我就相信你說的話，如果真有老牛助戰那不是更好嗎？不過，你也要答應我，安心在家養傷。晚上不要出去，免得有什麼危險。」「好。」小男孩兒神祕地笑了笑，點頭答應著。

　　安頓好了小男孩兒之後，打虎心切的栓柱就拿起了弓箭走出了窩棚，他噌噌噌邁著大步向山岡奔去。上了山岡，栓柱埋伏在了一片樹叢中間。不一會兒，只聽山林呼嘯，狂飆驟起。樹枝抖顫，花飛葉亂。栓柱知道，這是老虎要來的前兆。他剛想沖上去，突然想起了小男孩兒的囑咐。按不按小男孩兒說的那樣，連喊三聲呢？俗話說：「寧信其有，不信其無。」況且，喊它三聲又有何妨？於是他鼓足了勁兒，向著山下窩棚的方向大喊了三聲「來了——！」說時遲那時快，就在他喊聲未落之際，只聽得「噠噠噠……」山下響起了急促的牛蹄聲。栓柱定睛一看，果真有一頭老牛沖上山岡，正與惡虎對面相逢。一場

▲「牛童戰虎」圖

激烈的牛虎大戰就這樣開始了。第一個回合，二者勢均力敵，旗鼓相當。可漸漸地老牛的左蹄有些顫抖，好像有些力不從心。所以一連三次都閃在了一旁，像是有些退卻的樣子。「左蹄？左腳？難道這頭牛是……」栓柱正處於冥想和迷惑當中，只見老虎猛地向老牛撲去。老牛抵擋不住老虎的猛烈進攻，只好「哞兒」地狂叫了一聲向山下逃去，老虎也隨著向山口追趕。栓柱這時才想起男孩兒的話。他急忙拉滿了弓想射向老虎，可是剛要放箭，他遲疑了。是啊，萬一這老牛真是男孩兒的化身，我這一箭射偏了怎麼辦？那豈不是要傷害到小弟弟的生命嗎？不行，寧可失去這次打虎的機會，也不願拿小弟弟的生命冒險。想到這，他放下了箭。眼睜睜地看著追牛不成的老虎長嘯一聲返回密林。

這次打虎，無功而返。當栓柱無精打采地背著弓箭走進窩棚時，見小男孩兒正瞪著一雙通紅的眼睛盯著他，似乎充滿了哀怨。他再仔細一瞧，只見小男孩兒渾身上下汗如水洗一般。栓柱一看，心裡完全明白了。他一把摟住了小男孩兒，流下了兩行感動的淚水。這是栓柱有生以來的第一次流淚。他親切地撫摸著小弟弟的頭連連說：「都是我不好，如果我當時抓住時機把箭放出去，就會一舉成功，不讓你白白地受這次罪。」小男孩兒含著淚說：「也不怪哥哥，是怨小弟我沒有將自己的身世說清楚，才使哥哥當時遲疑，錯過了打虎的機會。栓柱哥，我知道你是一個講義氣的人，我就實話告訴你吧。我本是勃勃吐山靈雲洞的童子，上次是在林中採藥時不幸遭遇老虎，被它抓傷了左腳後不慎跌下山崗。要不是遇到你，恐怕還會遭遇不測。小弟我也沒啥好報答你，只想和你一起儘快把老虎除掉，以了卻我們共同的心願。但以你我現在的情形，還都不是老虎的對手，因此只有配合起來才能奏效。下次，希望哥哥再不要遲疑，不管怎麼樣，不與哥哥一起將老虎除掉，我絕不返回靈雲洞！」

小男孩兒的一番話，讓栓柱十分感動。於是與小男孩兒正兒八經地商量起降伏老虎的對策來。栓柱問道：「仙童老弟，方才和老虎爭鬥時，我發現你一往前衝，老虎就往後躲，它是不是怕你的犄角啊？」小男孩兒道：「是啊，我的犄角它還是懼怕的。」「那，它既然怕你的犄角，你為什麼在犄角接近老虎

的時候又縮回去了呢？」栓柱不解地問道。「唉！栓柱哥啊，你應該想到啊。我的犄角再硬也比不過老虎的牙齒硬啊。只是嚇一嚇它還行，如果真的讓它咬到，就會一觸即潰啊！況且我的犄角長度也不夠，你想想，每當我的犄角接觸虎頭的時候，身子也自然就接近了虎口。所以如果再不躲開，不但頂不死老虎，很可能還會被老虎傷到啊。」小男孩兒向栓柱解釋著。「哦，原來是這樣。看來，對這隻猛獸，只能智取，不能強攻。」栓柱一邊說一邊思量著辦法。忽然，他一拍大腿：「對啊！我聽老人們說，過去打仗擺過牤牛陣，咱們何不試試？」「牤牛陣？什麼叫牤牛陣？」小男孩兒急切地問。「就是在牛犄角上綁上一把尖刀，不就等於把犄角加長了嗎？」栓柱道。

「呵？這可是一個好辦法啊！栓柱哥！那你現在就去找人要兩把尖刀，咱們一會兒就上山，趁老虎還沒緩過勁兒的時候一舉把它幹掉！」小男孩兒拍著手興奮得不得了。

栓柱說了聲「好！」立即就出了窩棚。時間不長就找回了兩把鋒利的尖刀。小男孩兒見了十分高興，然後對栓柱囑咐一番後，輕聲說了聲「變」，頓時，一頭神牛搖頭擺尾地出現在了栓柱面前。栓柱知道這是仙童所變，於是用繩子迅速地將尖刀綁在了老牛的犄角上，然後，引著老牛就向山上奔去。

他們選擇了一個有利地形，等待著老虎的到來。不大一會兒，只聽得一陣颶風平地而起，緊接著從樹林深處躥出一隻吊睛白額老虎。老牛即刻迎上前去，頭上的兩柄尖刀熠熠生輝。一見老牛頭上明晃晃地閃著兩把尖刀，老虎本能地將身子向旁邊一閃。栓柱斷喝一聲：「看箭！」說時遲，那時快。只聽得「嗖！」一聲，利箭帶著風聲刺入了老虎腹部。一陣難忍的疼痛，迫使老虎不得不扔下老牛衝向栓柱。眼看老虎的利齒就要咬到栓柱，老牛迅速調轉身軀，對準老虎的腹部猛頂過去。只聽「哧」的一聲，老虎的腹部被豁開了，腸子灑了一地。老虎長嘯一聲，倒在了地上。正當栓柱和老牛準備下山的時候，忽聽耳畔又傳來了風聲，又一隻老虎領著兩隻虎崽子奔了出來。看樣子，又是一場血戰不可避免了。面對強敵，栓柱和老牛毫無懼色。經過一場殊死搏鬥，幾隻

老虎都死在山岡上。

　　見老虎都死了，老牛也恢復了人形。此時的栓柱真是高興極了，他興奮地對靈雲童子說：「老弟，多虧有你，才為鄉親們除了虎患。我一定將你介紹給鄉親們，讓他們記住你的功德。走，咱們下山好好慶祝一番去。」說著，就來拉仙童的手。可誰知仙童卻將手抽出來道：「大哥，自古賢人，多是功成身退。哪有非享受什麼榮譽之理？大哥保重！小弟去也！」說著，仙童踏著一朵祥雲騰空而起，在半空中還不斷地喊：「大哥哥，謝謝你救了我。如果有緣，我們日後還能再見！」

　　望著仙童漸漸遠去的身影，栓柱怎麼也控制不住自己的感情了，兩行滾燙的淚水奪眶而出。他實在是捨不得這位無私無畏、重情重義的好夥伴。而如今，這位與自己朝夕相伴了幾十天的好友就這樣離去，實在是令他難以割捨。

　　聽說虎患解除了，鄉親們陸續都回到了自己的家鄉。人們紛紛傳頌著栓柱和仙童聯手打虎的故事。人們為了紀念栓柱和仙童，把這個屯子就叫額赫屯（蒙語：富裕的意思），這樣叫還因為「額赫」與「豁虎」二字諧音，為了永遠記住英雄打虎的地方，人們決定以栓柱和老牛刺死老虎的地方為界，前山叫「前豁虎」，後山叫「後豁虎」，整個合起來叫作豁虎屯。後來，叫順口了，把豁字叫白了，就叫成臥虎屯了。

哈拉巴山大奔兒頭的故事

　　早年，距雙遼城東百里外有座大哈拉巴山，它的姿態不像它的兄弟小哈拉巴山那種饅頭型，而酷似一個倒扣的湯匙，在山東南角上有塊凸出來的呈半圓形的巨石，從遠處看上去就像人的大奔兒嘍頭一樣。關於大哈拉巴山奔兒嘍頭的形成，至今還流傳著一段耐人尋味的故事。

　　據說很早以前，有個外鄉人來到了大哈拉巴山的山根兒底下。仰著脖子往山上看了好一陣子後，又在山前山後繞來繞去地仔細端詳著。此人大約四十多歲，一副麻衣術士的打扮。他看山時的模樣很入神，一會兒把眼睛眯成一條縫

兒，一會兒又把眼睛瞪得像個豆包。看著看著，此人脫口讚道：「好一座大哈拉巴山！的確不比尋常啊！難怪都說它是七星之首呢。」

原來，這人是個陰陽先生。他此來之目的是想得到山內的寶物。他在外鄉時就聽人說，大哈拉巴山裡藏有寶物。還聽說每年瓠子成熟的季節，山門都會在其中的某一天子時悄悄打開一次。如果誰能在此刻用瓠子把山門支上，就能進山盜取山中財寶。瓠子本是一年生的草本植物。一般叫它瓠瓜，也有的地方管它叫浦瓜。這東西多長於農家的牆根兒或木柵子跟前。但真正能支住山門的，並不是一般的瓠子，而是那種長到一尺多長的且自然成熟的瓠子。這人看完山之後，便開始琢磨起來。他想，怎麼才能得到合格的瓠子呢？突然，此人眼睛一亮，一個計劃在他的心裡形成。

這一天，他來到了一家門前，輕輕地叩響了柴門。出來的是位老太太，見敲門的是位讀書模樣的人，老太太便很客氣地問他是不是有事需要幫助。外鄉人見老太太很和善，就拿出彬彬有禮的樣子對老太太開口道：「老人家，晚生路過此地突覺口渴，想煩求老人家賜水一杯，不知可否。」老太太微笑著回道：「此乃小事一椿，何必客氣。外出行路，誰能背多少水米？有事但說無妨。且待老身取水與你。」老太太說著轉身進屋取水去了。

趁老太太取水的工夫，這外鄉人便像往日在別人家假意討水時一樣，偷偷地向老太太家的房前屋後張望起來。突然，他發現有一棵較長的瓠子就長在老太太家的醬缸後邊的柵欄旁。頓時，直把個外鄉人激動得身子微微發抖。他在心裡說：「謝天謝地！可讓我找到了！這真是踏破鐵鞋無覓處，得來全不費工夫！」

就在外鄉人激動得不知如何是好的時候，老太太端著一杯清澈的涼開水出來了。為不讓老太太看出他內心的勾當，外鄉人不動聲色地接過了水一飲而盡。喝完後便裝作歇腳的樣子在老太太門旁的石墩上坐下來，有一句沒一句地與老太太搭訕起來。「老人家，你老的身體多硬朗啊！我家老母要是如此硬朗該有多好啊……」說著，外鄉人竟抹起了眼淚。老太太見狀，追問道：「你的

老母她身體如何？你為何言之落淚呢？」這外鄉人見老太太發問，便覺得有了希望。於是又假意嘆口氣說：「唉，我的老母親患有咯血病，由於得不到醫治，日前越發地嚴重了，郎中說要想治好這種病，除非有一種特殊的藥引子。」「不知是何藥引子呢？」老太太又關切地問。「老人家要問，我也直言了。郎中說得需要長到一尺多長的成熟瓠子才行。但不知老人家院內可生有這樣的瓠子？如果有的話，還拜求老人家幫忙，那樣的話，我的老母親可就有救了！」說著，外鄉人一躬到地。

老太太一聽，毫不遲疑地說了聲：「哎呀，你別難過，不就是瓠子嗎？你說那樣的瓠子，在我家醬缸後的柵欄旁邊還真就有一棵，如果你有用，等到秋天成熟了就送給你。」外鄉人一聽老太太中計了，不由得心頭暗喜。急忙拉住老太太的手說道：「老人家，太謝謝你啦！等我的老母病好了，我一定帶著母親一起來拜望你老人家！」說著就做出要跪地的樣子。老太太哪裡受得了這

▲「術士貪金」圖

個，急忙扶住外鄉人說：「謝什麼，我是念在你對你老媽的一片孝心上。真是孝子啊！唉，你的老媽真有福啊，不像我，膝下無兒無女。自打老伴兒去世後，我平時有個頭疼腦熱的連個端茶送水的人都沒有。唉，不過你放心，就是再不愛動彈，我一定會幫你把這棵瓠子看好，你就放心地回家侍候你的母親去吧。」「太好了！老人家，那晚生就此告退，待九月初九時，我一定準時前來。」外鄉人說著就告辭了老太太，向「回家」的小路走去。

且說這外鄉人走後，老太太走到瓠子跟前自言自語地說：「唉，真想不到瓠子還能當藥引子。瓠子啊，你就好好長吧！如果你能救人一命，下輩子一定能托生為人。」老太太說著又回屋取了幾瓢水給瓠子澆上。打這以後，這善良的老太太每天都用心地看護著這棵瓠子。颱風下雨時，還要特別將這棵瓠子給遮蓋好。

一天夜裡，隨著一陣驚雷閃電，瓢潑大雨突然從天而落。老太太夢中驚醒，一挪一蹭地出了屋，頂著雨去看那棵瓠子。直到將瓠子遮擋好才回屋。大雨過後，瓠子保住了，可老太太卻因遭到雨淋而一病不起。

老太太的病越來越重，她躺在炕上還惦記著那棵瓠子，怕自己萬一有個三長兩短的，沒人照顧那棵瓠子。如果瓠子被別人摘去了，到時候怎能對得起那個「孝子」呢？一晃就到了九月，老太太心裡盤算著，要瓠子的人就要來了。但願自己能堅持到九月初九，親自將瓠子交到他的手裡，也算了卻一個心願。可是身體一天不如一天，令老太太感到心裡沒底。到了九月初八這天，老太太覺得她再不能等了，決定將這瓠子提前摘下來，心想，反正這瓠子也成熟了，雖說不屬瓜熟蒂落，但總不差這一天，總比丟失的好。於是，老太太強打著精神爬下炕來，一步一顫地走至瓠子跟前將瓠子摘了下來，放在了自己的枕旁。說來也巧，就在將瓠子摘下來的當天夜裡，老太太就離開了人世。

且說九月初九這天一大早，外鄉人果然來了，當他看到老太太已經死去了，而手裡還緊緊地攥著那棵瓠子的時候，心裡不由得一陣歉疚。但當他想到瓠子還不到日子就被老太太摘下來的時候，又連連叫苦不迭。最後，他竟置老

太太喪事於不顧，狠著心從老太太手中拿過了瓢子，然後便急急忙忙地向大哈拉巴山奔去。

外鄉人走到山前時，恰好已接近午夜子時。他提心吊膽地望著山門，心裡盤算著：「這山門到底能不能開呢？如果真開了的話，我能不能用這棵提前摘下來的瓢子把山門支住呢？要真能支住，我可就發了大財了！」突然，一聲巨響打斷了外鄉人的遐想。他順聲望去，啊？山門果然開了！只見山門裡面金燦燦的一片。他顧不得多想，一個箭步跨了上去，急忙把瓢子支在了山門上。於是，這外鄉人信步徜徉於山門之內，得意揚揚地往返於金子的世界。他這個樂啊，這裡真的有數不清的財寶，多虧自己帶來了這麼多的袋子。乾脆，我多多地裝，使勁地拿。他邊想邊貪婪地往口袋裡裝著金銀珠寶。裝了一袋又一袋，待將帶來的口袋都裝滿了之後才聽到身後有呼呼的響聲。他回頭一看，哎呀媽啊！簡直把他看傻了。原來這裡面有一頭金光閃閃的小金驢，正拉著一盤小金磨。這呼呼的響聲就是小金驢磨金子發出的聲音。只見小金驢奮蹄疾飛，金磨盤飛快地轉動著，那無數的金豆子順著金磨縫嘩嘩地往下落。

外鄉人看了半晌才如夢方醒，他想，如果把這個金驢牽出去，那自己不但可以發大財，說不定還可以買個官做做。說時遲，那時快，這個利慾薰心的傢伙不顧一切地衝向小金驢，抓住韁繩就往山口拽。這小金驢還真聽話，跟著就向山門走去。這外鄉人一看樂了。想不到這小金驢這麼聽話。乾脆，我再把這幾袋子金豆子放在它的背上讓它馱著，這豈不是滿載而歸！

可是，最讓這外鄉人想不到的是，就在他將幾袋金豆子都放在驢背上，彎著腰使勁兒地拉著小金驢剛把腦袋伸出山門的時候，只聽得「咔吧」一聲，那隻差一天沒成熟的瓢子被壓斷了，山門也隨即落了下來，將這個貪婪的外鄉人的身子活活地留在了大哈拉巴山裡頭，而這人的奔兒嘍頭卻被卡在山門外邊。

隨著年代的演變，這人的奔兒嘍頭就變成了化石。又經過年復一年的演化，這奔兒嘍頭化石便越來越大。於是，就形成了後來大哈拉巴山東南角上的那塊突出來的大石頭。這就是大哈拉巴山奔兒嘍頭的由來。

至今，每當人們提起這個傳說的時候，總會從中玩味到一絲道理。做人切不可貪念太重，更不能利用別人的善良，採取欺騙的手段做些損人利己的勾當。否則，天理難容。

除怪鎮水話金牛

在雙遼市東明鎮東勝村的正北處，有一個方圓幾百畝的泡子，這就是有名的「臥牛泡子」。關於這個泡子的形成，有著一段動人的故事。

相傳很早以前，東遼河流經於此。當時這個泡子足有幾萬畝，水深達十幾丈，裡面盛產魚蝦。沿岸還生長著茂密的蘆葦，這裡的人們除種地以外，也下泡捕魚、割草、編席，過著安逸幸福的生活。然而，天有不測風雲，誰也沒有想到在一次大雨過後，泡子裡竟出現了一種怪事：只要有人一進泡子捕魚，這泡子就會突然狂風大作，惡浪滔天，直至船翻人亡。這時，水中便會出現一個怪物。它頭似龍，身似蟒，身長數丈，往來呼風喚雨，行為幻化無常。

人們為了在此生存下去，決定修個廟，在每年的七月十五這天燒香上供。不但將整頭的豬、羊拋入水中，還要選一對「金童玉女」拋入泡子內白白送死。即使這樣，也還沒能制止這妖怪作惡，搞得這裡的百姓苦不堪言。

這一年，一個拉駱駝的先生在此路過，當他看到人們愁眉不展的樣子時，不禁有些納悶兒，便好奇地問道：「老鄉，你們這裡山清水秀，沃野千里，是一個多麼好的所在，可你們為什麼老是一臉苦相呢？」聽到問話，鄉親們面面相覷，都不敢作聲。正當這位先生感到詫異之時，從人群中走出一個小夥子。他生得眉清目秀，文質彬彬。鄉親們舉目望去，原來是大牛。

只見大牛十分鄭重地走到先生面前說：「先生，你不是問我們這裡的人為什麼滿面愁苦嗎？讓晚生來告訴你。大家之所以如此，就是因為這泡子裡有個水怪作惡。它像一個填不平的無底深淵一樣，不但盤剝了百姓們的家禽牲畜，而且還要剝奪少年男女的生命。先生，你長期往來於各個村屯部落，見多識廣。如果能幫助我們想一個制服惡妖的辦法，我寧願衝在前面，縱然肝腦塗

地，也在所不惜。」小夥子說罷一躬到地。

　　這位先生聽完之後，甚是感慨。他說：「年輕人，想不到在這區區小屯，竟有此擎天之士。實言說，我此來，帶有一根鐵鏈，叫『降妖鎖』，可是要鎖住妖怪，最重要的還要有一位敏捷機警和甘於受死的勇士。」

　　大牛聽罷，堅定地說道：「先生，我大牛兒本是個孤兒，從小就沒有父母，是鄉親們不嫌煩勞將我一點點照顧長大。這養育大恩，此時不報，更待何時？請先生快告訴我，怎麼個鎖法？」

　　先生一看這小夥子是真心實意地要為民除害，便從囊中拿出了一條鎖鏈，交給了大牛，又告訴了大牛鎮妖的方法。之後從藥葫蘆裡倒出了一粒仙丹讓大牛吃下去。可是，當大牛接過仙丹就要吞服的時候，才緩過神來的鄉親們一下子圍了上來，紛紛喊道：「太危險了！這可使不得啊！」但是大家的阻攔沒能擋住大牛，只見大牛從先生手中奪過仙丹就吞了下去，然後灑淚拜別了鄉親們，「咣」的一聲跳入水中。

　　轉眼之間，只見泡子之中惡浪翻滾，狂風四起，黑壓壓的雲霧籠罩在泡子上空。大約一個時辰的工夫，雲開霧散，風平浪靜了，卻唯獨不見大牛回來。大家擔憂地圍住了先生，想要聽個說法。先生沒有言語，只是莊嚴地向遠處一指。人們順著先生所指的方向望去，只見

▲「金牛鎮妖」圖

在水泡之中有一隻金牛在昂然注視著水面，像是堅強的衛士一樣，守護著這片養育自己的家園。頓時，人們什麼都明白了。一行行熱淚奪眶而出。人們懷著無比敬仰的心情在泡子周圍久久地徘徊，不忍離去。

從此，這個泡子再也沒有鬧過水怪，人們又都可以在這裡安然地捕魚、割草、編席，過著安逸而幸福的生活了。

為了紀念為鄉親們的利益而英勇獻身的好青年大牛，人們給這個泡子起了個名字叫「臥牛泡子」。

猞猁塔的傳說

在那木斯西北部的草原深處，有一個寸草不生的白沙坨。在這片沙坨裡突兀地聳立著一座不高不矮的青石山。而在這光禿禿的山尖上，還有一座快要倒塌的白塔，這就是人們傳說中的猞猁塔。對於這座塔的形成，在那木斯蒙古族牧民中流傳著一個不可思議的故事。

相傳，這座白猞猁塔本是蒙古博王所修。而在修這座塔之前，這裡可不是一片白茫茫的寸草不生的沙坨子。恰恰相反，這裡是有名的青石山。在山的周圍，有一個枝繁葉茂、樹木青翠、蒙古族牧民們十分愜意的牧場。人們常在這裡放牧玩耍，歡聚娛樂。

據說山下不遠處的草坡上，散落著幾十座蒙古包。裡面住著的都是博王爺的奴隸和窮苦的蒙古族牧民。其中一個破舊蒙古包裡，住著一戶四口之家。一對老夫妻和兩個長得十分健壯的兒子。哥哥叫扎那，弟弟叫巴力吉。

有一天，青翠的石山上飛來一對鳳凰。每當太陽從東方升起的時候，這對金鳳凰便立在石山頂上高聲鳴唱。隨著鳳凰的陣陣歌聲，哥哥扎那和弟弟巴力吉便會看見自家帳篷中的水缸裡會慢慢升出一枝鮮豔的紅蓮花來。當鳳凰飛走的時候，這枝鮮豔的紅蓮花也悄悄地消失。一連數日都是如此。哥倆每看到這個情景，都會興奮地將爹娘悄悄地叫來觀看。全家人都為此興奮不已，以為是吉兆，並由此在心中充滿了對未來的憧憬與渴望。

▲「妖塔害民」圖

　　不久，這個奇異的現象就漸漸地在牧民當中流傳開了，後來竟傳到了博王爺的耳朵裡。博王爺一聽十分詫異。不知是吉是凶，急忙讓管家喚來了僧人和法師，讓大家琢磨一下這件事情的吉凶禍福。

　　僧人和法師到了王爺府，聽了博王爺詳述後都十分震驚，覺得這個現象對於博王爺來說是個不祥之兆，但二人你瞅瞅我，我瞅瞅你，誰也不敢明說。

　　博王爺看了看他倆說：「你們儘管大膽地說出來，誰能替我出個好主意，本王爺重重有賞！」

　　僧人為了取悅於博王爺，急忙說道：「青石山飛來鳳凰，蒙古包裡出現紅蓮，乃是聖景。牧民們本是奴隸，有什麼資格享此殊榮？所以，必須徹底打消這些窮骨頭們的幻想，鄙人有一種辦法，那就是將山上所有的樹木都砍光，把沙坨子上生長的青草徹底燎盡，只有將這裡變成枯荒之地，才會制止鳳凰再度飛來。」

　　博王爺一聽連說：「好計好計！本王爺重賞你！」

法師一聽大喇嘛受賞了，也急忙湊上前來對王爺說道：「僧人之意雖好，但荒山可以復綠，枯草可以重生。依我之見，在那青石山上再修它一座鎮妖避邪的白猞猁塔，這樣才能永避災難，永保王爺安然無恙。」

　　博王爺一聽又連呼：「好計好計！本王爺一定重重賞賜於你！」

　　次日，博王爺就派僧人和法師帶著眾人把沙灘上的青草給燎盡了，露出了白沙一片。同時，把青石山上的樹木也給砍光了，變成了一座禿山。

　　就在僧人和法師逼迫眾人建造猞猁塔的時候，有一位神奇的蒙古族老人，攜帶著寶刀和弓箭悄悄來到了這裡。正當這塔腰剛建完的時候，這位神奇的老人搭弓一箭就將塔身射斷了。法師和僧人一看，又急忙增派了工匠，連日修建，強將塔封了頂。當老人又要抽箭搭弓時，突然弓身自斷。老人長嘆一聲，隨後擲弓而去。

　　雖然這座白猞猁塔僥倖建起來了，但卻只能孤零零地坐落在光禿禿的石山上，山的周圍也只能是白茫茫的沙灘一片。這樣的地方，別說會有鳳凰飛來，就連行人經過這裡恐怕也不願再多看一眼了。慢慢地，牛沒了，羊沒了，放牧的人也都悄悄地離開了，博王爺成了一個光桿兒王爺。

　　有一天，博王爺藉著月光，遙望著白猞猁塔出神，凝思中自語道：「鳳凰飛在牧民家，有啥不好？牧民乃是我轄區子民，他榮耀，我該感到光彩才對。可我……哼！都怪那亂出主意的僧人和法師呀！哼……」

　　據說打那以後，那個僧人和法師便神祕地消失了。

吉林文庫 A0703A21

文化吉林：雙遼卷

主　　編	莊　嚴
版權策畫	李　鋒
責任編輯	林以邠

發 行 人	陳滿銘
總 經 理	梁錦興
總 編 輯	陳滿銘
副總編輯	張晏瑞
編 輯 所	萬卷樓圖書股份有限公司
排　　版	菩薩蠻數位文化有限公司
印　　刷	維中科技有限公司
封面設計	菩薩蠻數位文化有限公司

出　　版	昌明文化有限公司

桃園市龜山區中原街 32 號

電話 (02)23216565

發　　行	萬卷樓圖書股份有限公司

臺北市羅斯福路二段 41 號 6 樓之 3

電話 (02)23216565

傳真 (02)23218698

電郵 SERVICE@WANJUAN.COM.TW

大陸經銷　廈門外圖臺灣書店有限公司

　　電郵 JKB188@188.COM

ISBN 978-986-496-275-4

2018 年 1 月初版

定價：新臺幣 400 元

如何購買本書：

1. 轉帳購書，請透過以下帳戶

　合作金庫銀行　古亭分行

　戶名：萬卷樓圖書股份有限公司

　帳號：0877717092596

2. 網路購書，請透過萬卷樓網站

　網址 WWW.WANJUAN.COM.TW

大量購書，請直接聯繫我們，將有專人為您

服務。客服：(02)23216565 分機 610

如有缺頁、破損或裝訂錯誤，請寄回更換

國家圖書館出版品預行編目資料

文化吉林. 雙遼卷 / 莊嚴主編. -- 初版. -- 桃
園市：昌明文化出版；臺北市：萬卷樓發
行, 2018.01

　冊；　公分

ISBN 978-986-496-275-4(平裝). --

1.文化史　2.人文地理　3.吉林省

674.2408　　　　　　　　　　107002183